桂州遗韵

桂州窑标本图录与研究文集

主　编／韦剑华

副主编／张宗亚　蓝凡武　潘　宁　付新阳

广西师范大学出版社
GUANGXI NORMAL UNIVERSITY PRESS
·桂林·

桂州遗韵：桂州窑标本图录与研究文集
GUIZHOU YI YUN: GUIZHOUYAO BIAOBEN TULU YU YANJIU WENJI

策　　划：蓝凡武　韦剑华　郭敦辉
封面题字：韦剑华
摄　　影：袁俊杰
器物修复：彭振鹏

出版统筹：张　明
策划编辑：潘百孝
责任编辑：王　淼
助理编辑：潘百孝
装帧设计：杨鹏广　徐俊霞
内文制作：俸萍利　王霄雯
责任技编：伍先林

图书在版编目（CIP）数据

　　桂州遗韵：桂州窑标本图录与研究文集／ 韦剑华
主编. --桂林：广西师范大学出版社，2021.10
　　ISBN 978-7-5598-4381-4

　　Ⅰ．①桂… Ⅱ．①韦… Ⅲ．①古代陶瓷－研究－
桂林 Ⅳ．①K876.34

　　中国版本图书馆 CIP 数据核字（2021）第 213966 号

广西师范大学出版社出版发行
（广西桂林市五里店路 9 号　邮政编码：541004）
　网址：http://www.bbtpress.com
出版人：黄轩庄
全国新华书店经销
广西广大印务有限责任公司印刷
（桂林市临桂区秧塘工业园西城大道北侧广西师范大学出版社
集团有限公司创意产业园内　邮政编码：541199）
开本：889 mm × 1 194 mm　1/16
印张：16.75　　字数：105 千　　图：508 幅
2021 年 10 月第 1 版　　2021 年 10 月第 1 次印刷
定价：198.00 元

如发现印装质量问题，影响阅读，请与出版社发行部门联系调换。

编委会名单

主　　编　韦剑华

副 主 编　张宗亚　蓝凡武　潘　宁　付新阳

编　　委　孟　莉　沈怡昕

感谢潘宁先生、马贵希先生、于毅荣先生、曾春兰女士、伍泊森先生、周琴星先生为本书提供桂州窑标本图片。

前　言

　　广西最早的陶器可以追溯到约 12000 年前桂林甑皮岩的陶雏器，在雁山庙岩遗址、临桂大岩遗址都先后发现了距今万年以上的陶器，桂林成为中国乃至世界上唯一具有 3 处万年古陶瓷遗址的城市。这也充分证明了桂林是中国乃至世界陶器的起源地之一，有着悠久璀璨的陶瓷文化。

　　进入历史时期，尤其隋唐时期，桂林陶瓷烧造在岭南地区仍处于领先的地位。本书中的桂州窑所在地先秦时隶属越国，秦代为桂林郡，汉初由南越国统管，西汉武帝元鼎六年（前 111）至南朝梁，先为荆州，后为湘州管治，梁天监六年（507），首置桂州，到南宋绍兴三年（1133）废止。从南朝到宋代的几百年间，是桂州窑青瓷产生、发展、兴盛和衰落的时间，而隋唐正是桂州窑的盛烧期。唐代通常以所在州名命名瓷窑，故该窑场被定名为"桂州窑"。

　　桂州窑窑址位于广西壮族自治区桂林市雁山区柘木镇窑头村，于 1965 年被正式发现。1988 年，桂林博物馆对其 1、2、3 号窑进行过考古发掘。1998 年 2 月，其成为桂林市市级文物保护单位。2013 年至 2014 年，桂林市文物部门先后对 2 号窑南北侧堆积和

10 余座马蹄窑进行清理。从目前已发掘的情况来看，桂州窑是始烧于南朝晚期，历经隋、唐、北宋，延续500多年的以烧造青瓷为主的古代窑场。其烧造时间之长、规模之大是广西区内已发现古代瓷窑遗址中少见的。

虽然广西桂州窑遗址已被发现五十余载，但由于实物资料的稀缺，总体来说相关研究尚为数不多，主要集中在装烧工艺和佛造像方面。由于大量的考古资料未能进行整理，科学的考古报告、图录未能出版，导致科研工作者无法依据资料、图片进行下一步研究。2020年5月，桂林市陶瓷协会潘宁先生将二十余年在桂林各工地及倒土场采集的300余件桂州窑标本捐献给桂林旅游学院艺术设计学院陶瓷标本室，经过分类、修复、拍摄，加之收集的七篇桂州窑相关研究论文，最终形成了《桂州遗韵——桂州窑标本图录与研究文集》一书。

本书中收集了大量桂州窑各时期的实物标本，以及桂林城区建设中发现的桂州窑的产品。它们可以相互印证桂州窑产品生产、流通、使用、废弃的各环节，同时也给亟待研究的相关学术问题提供了第一手基础资料。本书集结了7篇研究性文章，专家学者们分别从考古、文物、历史、艺术等方面对桂州窑及其产品各抒己见，虽然研究结果不尽相同，但是形成学术争鸣的氛围对于我们深入了解桂州窑的情况是大有裨益的。

本书是"桂州窑陶瓷标本活态保护传承与旅游融合创新发展模式研究"项目的一个重要组成部分，旨在系统梳理桂林传统文化资源，挖掘本地区的历史文化价值。同时，梳理桂州窑的历史信息，丰富区域陶瓷史研究，充分发挥其历史、艺术和科学价值，将为科研人员提供大量的研究信息。桂州窑地处国际旅游胜地桂林市，在当今文旅融合发展背景下，深入挖掘桂州窑陶瓷的文化内涵，利用新技术、新观念进行活态传承与推广，将有利于形成地方独特的、可持续发展的陶瓷文化产品；通过活态保护与传承，并与区域旅游发展相结合，将为促进地域旅游文创的创新设计与陶瓷产品开发提供翔实的史料依据。

桂州窑历史文献匮乏，实物残缺不齐，研究基础薄弱，编撰工作难度较大。在此，编者特别感谢桂林市陶瓷协会及会长潘宁先生为本书组织、提供了全部的实物资料，感谢桂林市文物保护与考古研究中心张宗亚先生等根据文物器型认真归纳其特点并进行断代、定名、测量数据和描述，感谢雁山区文化体育和旅游局及雁山政协书画院的大力支持。

本书由桂林旅游学院设立项目牵头，学校、行业协会、科研院所、地方政府及社会力量通力合作，最终较为全面地呈现了桂州窑产品的整体面貌。这些珍贵的资料，填补了桂州窑研究图片史料的空白。

韦剑华

桂林旅游学院艺术设计学院院长、教授

2021 年 7 月于雁山

目　录

桂州窑

桂州窑简介

桂州窑位于广西壮族自治区桂林市雁山区柘木镇窑头村。该窑址坐落在漓江西南岸，东临桂海铁路，面积约 200 万平方米，于 1965 年被正式发现。1988 年，桂林博物馆对其 1、2、3 号窑进行过考古发掘。1998 年，其成为桂林市市级文物保护单位。2013 年至 2014 年，桂林市文物部门先后对 2 号窑南北侧堆积清理和 10 余座马蹄窑进行清理。从目前已发掘的情况来看，桂州窑是始烧于南朝晚期，历经隋、唐、北宋，延续 500 多年的以烧造青瓷为主的古代窑场。其烧造时间之长、规模之大是广西区内已发现古代瓷窑遗址中少见的。

桂州窑隋至唐初使用圆筒形匣钵装烧，产品为青瓷，胎色灰或灰白，胎质中夹杂石英颗粒，釉色多见青绿、青黄或青褐色，多有细开片。产品多为生活用器，常见碗、盘口壶、高足盘、高足杯、檐口坛、钵、砚台、网坠等。烧造工艺和产品风格与同时期湖南湘阴窑相近。建筑构件类产品主要为绳纹瓦、莲花纹瓦当和青砖。

桂州窑晚唐至五代时期烧造大量供寺院用器皿及陶瓷建筑构件。其烧造的金翅鸟构件及寺院用品与同时期西庆林寺遗址出土器物相同。

桂州窑北宋时期不用匣钵，器物明火叠烧，产品为青瓷，施釉简单，釉层薄，多为青釉、青黄釉。产品以生活用器为主，常见碗、罐、檐口坛、网坠、多角坛、魂瓶等。装饰手法包括刻划、堆贴、镂空等。

桂州窑标本图录

标本 GZY：12 高足杯

  年代：隋—唐初

  尺寸：口径 7.4cm，底径 4.1cm，高 6.6cm

侈口，尖圆唇微外撇，深腹，喇叭形高圈足。灰白胎，青釉，内外施满釉，脱釉严重。外腹与足连接处有竹节纹。

标本 GZY：215 杯

    年代：隋—唐初

    尺寸：口径 8.8cm，底径 3.1cm，高 5cm

侈口，尖唇微外撇，直壁深腹，内平底，饼足微内凹，矮足墙微外撇，足底边缘旋削一周。灰白胎，内外均施半釉，釉已脱落，仅留施釉痕。

标本 GZY：216 杯

年代：隋—唐初

尺寸：口径 8.2cm，底径 3.5cm，高 4.5cm

直口，方唇，弧腹，内圜底，饼足内凹，足墙外撇，足底边缘旋削一周。灰白胎，青釉，内施满釉，外施半釉，开细片。

标本 GZY：217 杯

年代：隋—唐初

尺寸：口径 8.5cm，底径 3cm，高 5cm

直口，方唇，弧腹，内圜底，饼足，足底边缘旋削一周。灰白胎，内施满釉，外施半釉，釉已脱落，仅留施釉痕。

标本 GZY: 218 杯

年代: 隋—唐初

尺寸: 口径 6.8cm, 底径 3.5cm, 高 5.8cm

敛口, 圆唇, 弧腹微鼓, 内平底, 饼足微内凹, 足墙微外撇, 足底边缘旋削一周。灰白胎, 青釉, 内施满釉, 外施半釉, 釉已大部脱落, 开细片, 外壁有窑粘。

标本 GZY：221 杯

年代：隋—唐初

尺寸：口径 6.3cm，底径 3.1cm，高 4cm

直口，方唇，弧腹，内平底，饼足内凹，足墙外撇，足底边缘旋削一周。灰白胎，内施满釉，外施半釉，釉已脱落，仅留施釉痕。外腹下部有明显旋削痕。

标本 GZY：220 杯

年代：隋—唐初

尺寸：口径 6.3cm，底径 3.2cm，高 3.9cm

直口，圆唇，弧腹至底微收，平底。灰白胎，青釉，内外均施满釉，开细片，外壁脱釉严重，内底积釉。

标本 GZY：222 杯

年代：隋—唐初

尺寸：口径 4cm，底径 2.9cm，高 3.7cm

敛口，尖圆唇，弧腹，平底，有明显线切割痕。灰白胎，青釉，内施满釉，外施半釉，釉已全脱，仅留施釉痕。

标本 GZY：23 钵

年代：隋—唐初

尺寸：口径 18.4cm，底径 9cm，高 14.5cm

敛口，方唇，圆鼓腹，平底。灰白胎，内仅口沿部施釉，外釉不及底，釉已脱落，仅留施釉痕。外口沿处刻有五道弦纹，外腹中部刻有六道弦纹。

标本 GZY：227 莲瓣纹钵残件

年代：晚唐—五代

尺寸：残高 7.8cm

标本 GZY：78 盅

年代：隋—唐初

尺寸：口径 3.3cm，底径 2.2cm，高 3cm

多盅盘部件。敛口，尖圆唇，圆鼓腹，平底微内凹。灰白胎，青釉，内施满釉，外施半釉，釉已全脱。

标本 GZY：123 青黄釉罐残片

年代：唐

尺寸：残长 16.2cm

标本 GZY：230 罐

年代：北宋

尺寸：口径 10.3cm，底径 9cm，高 26cm

侈口，圆唇外翻，束颈，斜肩，鼓腹，下腹至底斜收，平底。灰白胎，青釉，内仅口沿施釉，外釉及底，釉层厚薄不均。肩部刻有"庆历六年七"。

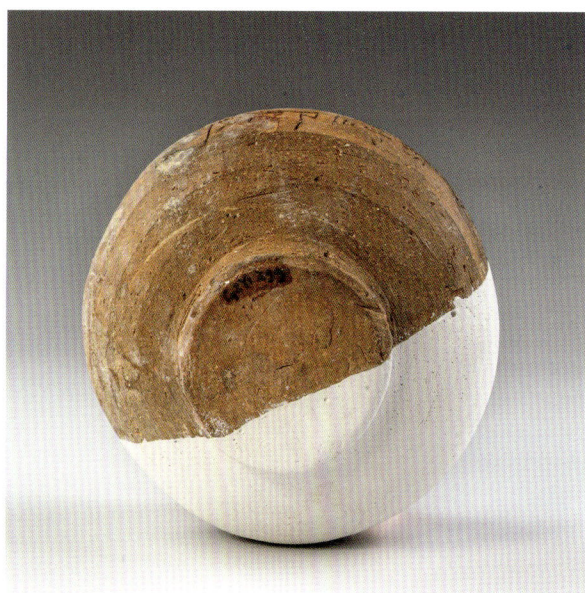

标本 GZY：235 罐

　　年代：北宋

　　尺寸：口径 7.5cm，底径 4.8cm，高 6.5cm

直口，圆唇，短颈，扁鼓腹，饼足。灰白胎，青釉，内施满釉，外施半釉。肩部两侧各穿一孔，上腹部刻有"元年秦小三九口"。

标本 GZY：119 青釉带系罐残片

年代：北宋

尺寸：残长 7.2cm

标本 GZY：104 盘口壶

年代：隋—唐初

尺寸：口径 5cm，腹径 9.2cm，底径 4.5cm，高 11.5cm

盘口，圆唇外撇，短颈，丰肩，圆鼓腹，饼足内凹，足墙微外撇，足心有明显旋刻痕，足底边缘旋削一周。黄白胎。肩部饰四横系。肩、腹各刻有三道弦纹。

标本 GZY：105 青釉六系盘口壶残片

年代：隋—唐初

尺寸：残高 14cm

标本 GZY：106 青釉盘口壶残片

年代：隋—唐初

尺寸：残高 12.6cm

标本 GZY：122 青釉带系盘口壶残片

年代：隋—唐初

尺寸：残长 15.2cm

标本 GZY：87 青釉壶流残片

年代：唐

尺寸：残长 12.7cm

标本 GZY：88 青釉壶流残片

  年代：北宋

  尺寸：残长 9.4cm

标本 GZY：89 壶流残片

  年代：北宋

  尺寸：残长 6.8cm

标本 GZY：124 执壶残件

    年代：北宋

    尺寸：口径 13cm，底径 9.5cm，腹径 17.4cm，高 21.8cm

敞口，圆唇外撇，颈微束，溜肩，弧腹，平底。灰白胎，外施青釉不及底，釉已全脱，仅留施釉痕。执及流已残缺，肩部附有双系。

标本 GZY：80 壶执残片

年代：北宋

尺寸：残高 6.4cm

标本 GZY：81 壶执残片

年代：北宋

尺寸：残高 8.2cm

标本 GZY：82 壶执残片

年代：北宋

尺寸：残高 7.8cm

标本 GZY：83 壶执残片

年代：北宋

尺寸：残高 11.2cm

标本 GZY：79 壶执残片

　　年代：北宋
　　尺寸：残高 5.5cm

标本 GZY：201 莲瓣纹瓦当

　　年代：隋—唐初
　　尺寸：直径 12.2cm

标本 GZY：202 莲瓣纹瓦当

　　年代：隋—唐初
　　尺寸：直径 12.2cm

标本 GZY：203 莲瓣纹瓦当

　　年代：隋—唐初
　　尺寸：直径 14.3cm

勾头瓦

年代：隋—唐初

尺寸：长 37cm，宽 15.7cm，当面直径 13.5cm

莲花纹方砖残件

年代：隋—唐初

尺寸：孔径 3cm，厚 7.5cm，残长 11cm

中有一孔。正面饰莲花纹、绳纹，背素面。

标本 GZY：176 宝相纹方砖残件

年代：唐

尺寸：残高 21.4cm

带榫砖

年代：唐

尺寸：宽 15cm，厚 4.2cm，残长 14.3cm

一面饰绳纹，一面素面。

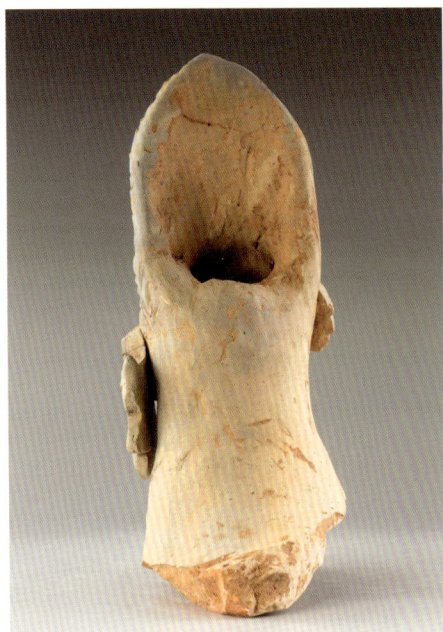

标本 GZY：191 金翅鸟头残件

年代：晚唐—五代

尺寸：残高 18.3cm

造型似凤凰，高冠，凸眼，垂耳，蛇颈，长喙尖向下弯曲，中空。灰白胎，青釉，釉已脱落。

标本 GZY：192 金翅鸟头残件

年代：晚唐—五代

尺寸：残高 13.3cm

造型似凤凰，冠、眼、耳残，蛇颈，喙较大向下弯曲，中空。红黄胎。

标本 GZY：193 金翅鸟残件

年代：晚唐—五代

尺寸：残长 9.8cm

标本 GZY：195 金翅鸟残件

年代：晚唐—五代

尺寸：残长 12.5cm

标本 GZY：196 金翅鸟残件

年代：晚唐—五代

尺寸：残长 13.8cm

标本 GZY：194 金翅鸟残件

年代：晚唐—五代

尺寸：残高 9.5cm

标本 GZY：204 武士立像残件

    年代：晚唐—五代

    尺寸：残高 5.7cm

仅存头部，戴胄，束缨，两侧顿项残缺，鼻残，怒目，嘴下撇，头后部中空。陶质，灰白胎，青釉，釉已全部脱落。

标本 GZY：205 武士立像残件

年代：晚唐—五代

尺寸：残高 5.7cm

仅存头部，束缨和一侧顿项残缺，高鼻，怒目，嘴下撇，露齿。陶质，灰白胎，青釉，釉已全部脱落。

标本 GZY：206 武士立像残件

年代：晚唐—五代

尺寸：残高 9cm

仅存头部，戴胄，束缨，一侧顿项残缺，高鼻，怒目，嘴下撇，头后部中空。陶质，灰白胎，青釉，釉已全部脱落。

标本 GZY：207 武士立像残件

　　年代：晚唐—五代

　　尺寸：残高 13cm

标本 GZY：209 武士立像残件

　　年代：晚唐—五代

　　尺寸：残高 17cm

标本 GZY：181 鸱吻残件

年代：晚唐—五代

尺寸：残长 8.8cm

标本 GZY：182 鸱吻残件

年代：晚唐—五代

尺寸：残长 13cm

标本 GZY：183 鸥吻残件

年代：晚唐—五代

尺寸：残长 12.7cm

标本 GZY：184 鸥吻残件

年代：晚唐—五代

尺寸：残长 10.4cm

标本 GZY：186 鸥吻残件

年代：晚唐—五代

尺寸：残长 13.7cm

标本 GZY：200 青釉莲珠纹瓦当

年代：晚唐—五代

尺寸：直径 12.9cm

标本 GZY：199 青釉莲珠纹瓦当

年代：晚唐—五代

尺寸：直径 12.8cm

标本 GZY：197 青釉莲珠纹瓦当

年代：晚唐—五代

尺寸：直径 8.2cm

标本 GZY：198 青釉莲珠纹瓦当

年代：晚唐—五代

尺寸：直径 10.5cm

标本 GZY：174 筒瓦残件

年代：晚唐—五代

尺寸：残长 21cm

标本 GZY：175 青釉条形砖残件

年代：晚唐—五代

尺寸：残长 22cm，宽 8.5cm，厚 2.3cm

单面施釉。

青釉筒瓦

年代：晚唐—五代

尺寸：长 33cm，宽 13.5cm

外施青釉，内饰布纹。

标本 GZY：189 青釉莲座残件

年代：晚唐—五代

尺寸：残高 13.8cm

标本 GZY：185 青釉建筑构件

年代：晚唐—五代

尺寸：残高 12cm

标本 GZY：187 青釉建筑构件

年代：晚唐—五代

尺寸：残高 14.5cm

标本 GZY：188 青釉建筑构件

年代：晚唐—五代

尺寸：残高 12cm

标本 GZY：190 青釉建筑构件

年代：晚唐—五代

尺寸：残高 20.5cm

建筑构件

年代：晚唐—五代

尺寸：残高 8.5cm

标本 GZY：19 盘

年代：隋—唐初

尺寸：口径 14.3cm，底径 3.2cm，高 3.5cm

敞口，方唇，斜弧腹，小平底内凹。灰白胎，青釉，内仅盘壁施釉，盘心无釉，外釉不及底，开细片。

内壁与底连接处刻有一道弦纹，盘心处刻有两道弦纹，内底有"十"字及圆圈刻痕。

标本 GZY：20 盘

年代：隋—唐初

尺寸：口径 15.3cm，底径 9.8cm，高 4.5cm

敞口，圆唇，斜弧腹，大平底内凹。灰白胎，含石英砂，质地粗，青釉，内施满釉，外釉不及底，有泪痕状垂釉。盘壁至内底处刻有一道弦纹，残有八支钉痕。

标本 GZY：21 盘

年代：隋—唐初

尺寸：口径 15cm，底径 4cm，高 4.2cm

敞口，方唇，斜弧腹，小平底微内凹。灰白胎，青釉，内施满釉，外仅口沿施釉，有泪痕状垂釉。内口沿及盘底分别刻有两道弦纹，盘心刻有一道弦纹。烧制变形。

标本 GZY：22 盘

年代：隋—唐初

尺寸：口径 16cm，底径 4.8cm，高 2.5cm

敞口，方唇，浅斜弧腹，平底微凸。灰白胎，青釉，内施满釉，外仅口沿施釉，开细片，脱釉严重。盘心处刻有三道弦纹。

标本 GZY：236 盘

年代：隋—唐初

尺寸：口径 16.8cm，底径 4.2cm，高 3.6cm

敞口，方唇外撇，浅斜弧腹，小平底内凹。灰白胎，内外仅口沿施釉，釉已脱落，仅留施釉痕。盘心刻有两道弦纹，外腹下部与底连接处刻有窑工记号。

标本 GZY：77 盘

年代：唐

尺寸：口径 28cm，底径 24.2cm，高 4.5cm

敞口，圆唇，折沿略下垂，斜直壁，内底微凸，大平底。陶质，陶色呈青灰。

标本 GZY：179 莲花纹大盘残件

年代：晚唐—五代

尺寸：残长 13.8cm

标本 GZY：213 青釉带系折沿盆残片

年代：隋—唐初

尺寸：残长 15.5cm

标本 GZY：113 盆

年代：唐初

尺寸：口径 30cm，底径 11.4cm，高 9cm

敞口，方唇，斜弧腹，平底。灰白胎，青釉，内外均施半釉。内壁至底依次刻有六道弦纹。

标本 GZY：114 盆

年代：唐

尺寸：口径 32.5cm，底径 18cm，高 11.3cm

敞口，圆唇，平沿，斜弧腹，平底。青釉，内施满釉，外釉不及底，脱釉严重。外口沿有一道凹弦纹。

标本 GZY：112 盒

　　年代：北宋

　　尺寸：内口径 14.7cm，外口径 17.2cm，底径 9.7cm，高 9cm

子口，圆唇内敛，斜腹，平底。灰白胎，青黄釉，内仅口沿施釉，外釉及底，脱釉严重。

标本 GZY：136 塔式瓶残件

　　年代：隋—唐初

　　尺寸：腹径 7.9cm，底径 3.9cm，残高 9.2cm

颈部以上残，圆鼓腹，平底，底部穿一孔。红黄胎。肩部及腹部各饰有两道刻划弦纹。

标本 GZY：148 魂瓶

年代：北宋

尺寸：腹径 18.7，足径 9cm，残高 27.3cm

口残，细颈，溜肩，深鼓腹，高圈足。红黄胎，外施青
黄釉。颈部饰两道弦纹和锯齿纹，肩部刻划卷草纹一周，
上腹及下腹各饰两周附加堆纹，腹中部刻划卷草纹一周。

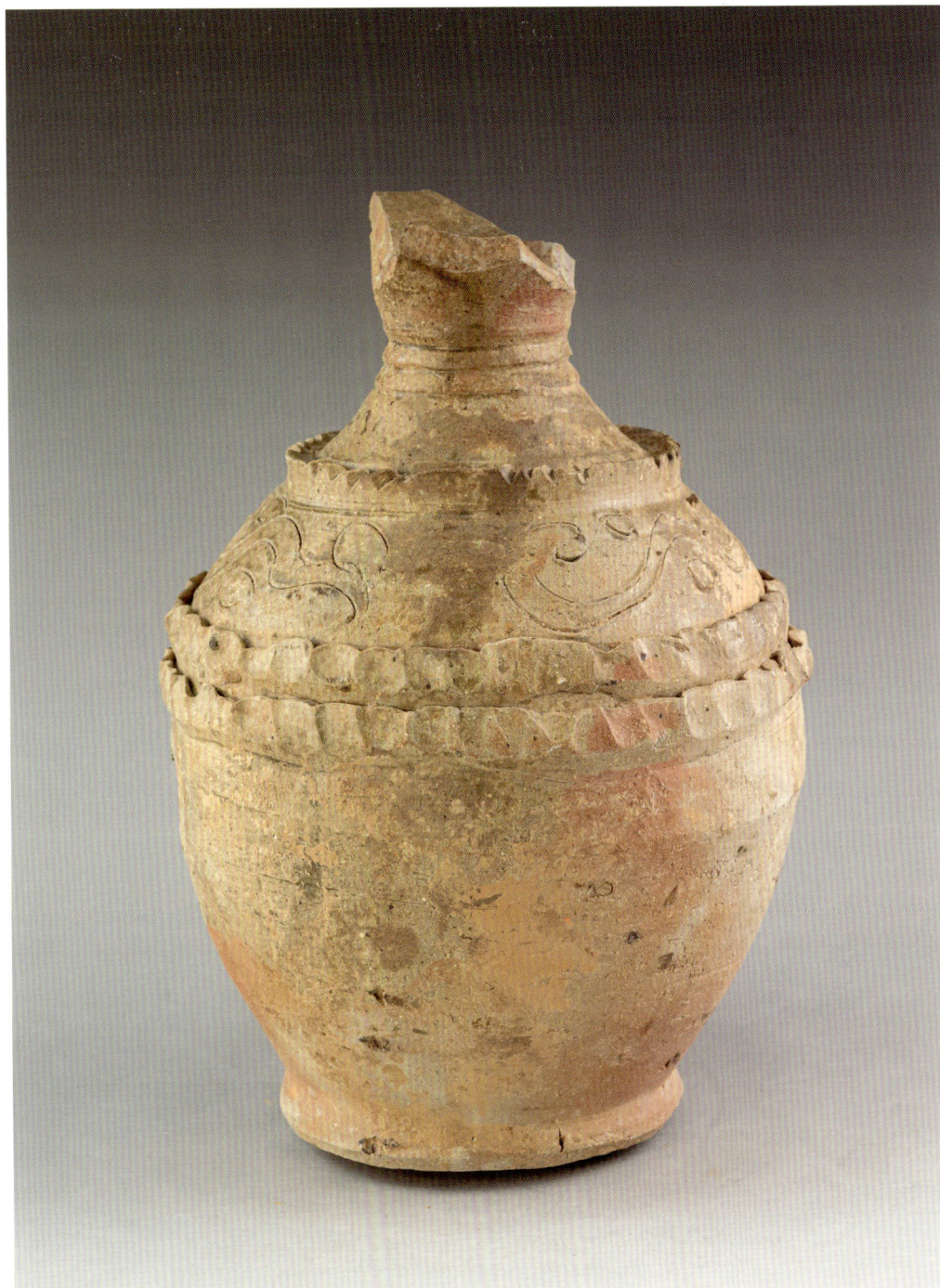

标本 GZY：145 魂瓶

　　年代：北宋

　　尺寸：腹径 14.2cm，残高 22cm，底径 9.5cm

口残，细颈，溜肩，鼓腹，平底。灰白胎，外施青黄釉不及底。颈部刻三道弦纹，肩部饰锯齿纹一周，上腹部
饰刻划纹一周，腹中饰两周附加堆纹。

标本 GZY：146 魂瓶

年代：北宋

尺寸：腹径 14.9cm，底径 9.6cm，残高 23.6cm

口残，细颈，溜肩，鼓腹，平底。灰白胎，外施半釉，釉已脱落，仅留施釉痕。颈部刻两道弦纹，上腹部饰一周附加堆纹。

标本 GZY：147 魂瓶

年代：北宋

尺寸：腹径 14.6cm，底径 8.4cm，残高 20.5cm

口残，细颈，溜肩，鼓腹，平底。灰白胎，外施青黄釉。腹中饰两周附加堆纹。

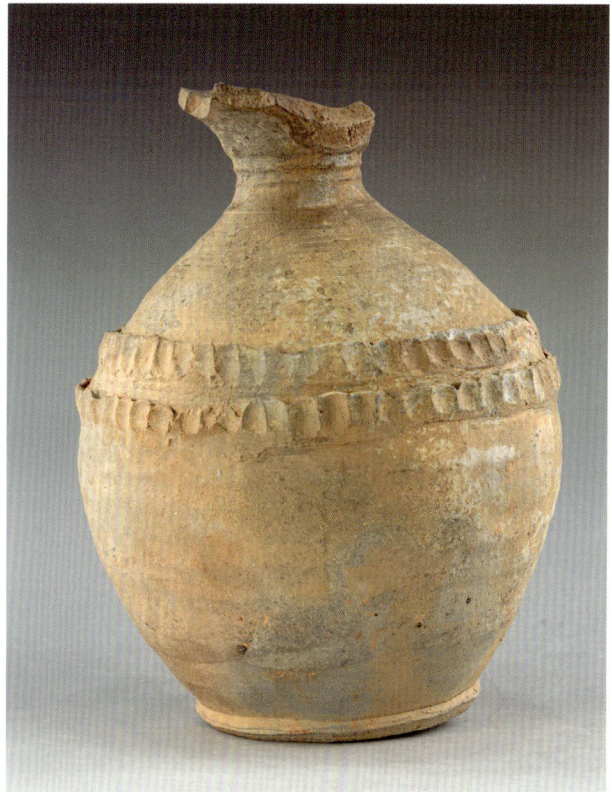

标本 GZY：39 碗

年代：隋—唐初

尺寸：口径 9.5 cm，底径 3.3cm，高 4cm

敞口，圆唇，弧腹，平底微内凹，有明显线切割痕。灰白胎，青釉，内施满釉，外施半釉，开细片。内外口沿及内壁中各刻有一道弦纹，碗心刻有两道弦纹。

标本 GZY：40 碗

年代：隋—唐初

尺寸：口径 14.8cm，底径 4.5cm，高 6.1cm

直口微敞，方唇，弧腹，平底内凹。灰白胎，青釉，内仅碗壁施釉，碗心无釉，外施半釉，开细片，脱釉严重。内口沿刻有两道弦纹，壁中及碗心各刻有一道弦纹。

GZY：1 碗

年代：隋—唐初

尺寸：口径 15cm，底径 5.8cm，高 6.2cm

敞口，方唇，弧腹，内平底，饼足内凹，足墙外撇，足心有明显旋刻痕迹，足底边缘旋削一周。灰白胎，青釉，内仅碗壁施釉，碗心无釉，外施半釉，有泪痕状垂釉，开细片，脱釉严重。内口沿及底部连接处各刻有一道弦纹，碗心刻有两道弦纹。

标本 GZY：2 碗

年代：隋—唐初

尺寸：口径 12.1cm，底径 5.5cm，高 6cm

敞口，圆唇，深弧腹，内平底，饼足内凹，足墙外撇，足底边缘旋削一周。灰白胎，青釉，内仅碗壁施釉，碗心无釉，外釉不及底，开细片，脱釉严重。内壁与底连接处刻有一道弦纹，碗心刻有三道弦纹，外腹下部有明显旋削痕。

标本 GZY：3 碗

　　年代：隋—唐初

　　尺寸：口径 9.7cm，底径 4.2cm，高 5.3cm

直口，圆唇，弧腹微鼓，平底，饼足内凹，足墙外撇，足底边缘旋削一周。灰白胎，青釉，内仅碗壁施釉，碗心无釉，外釉不及底，开细片。内壁与底连接处刻有一道弦纹，碗心刻有三道弦纹。

标本 GZY：4 碗

    年代：隋—唐初

    尺寸：口径 9.8cm，底径 3.8cm，高 4.7cm

侈口，方唇外撇，弧腹微鼓，平底，饼足内凹，足墙外撇，足心有明显旋刻痕迹，足底边缘旋削一周。灰白胎，青绿釉，内仅碗壁施釉，碗心无釉，外釉不及底，开细片，脱釉严重。内壁与底连接处刻有一道弦纹，碗心刻有两道弦纹，外腹下部有明显旋削痕。

标本 GZY：5 碗

　　年代：隋—唐初

　　尺寸：口径 10cm，底径 4cm，高 5.5cm

侈口，圆唇外撇，弧腹微鼓，平底，饼足，足墙外撇。灰白胎，青釉，内施满釉，外仅口沿部施釉。

标本 GZY：6 碗

年代：隋—唐初

尺寸：口径 9cm，底径 3.7cm，高 4cm

直口，方唇，弧腹，平底，饼足内凹。灰白胎，青釉，内施满釉，外釉不及底。外腹下部有明显旋削痕。

标本 GZY：7 碗

年代：隋—唐初

尺寸：口径 8.6cm，底径 3.5cm，高 4cm

侈口，方唇外撇，弧腹微鼓，平底，饼足。灰白胎，内施满釉，外仅口沿部施釉，釉已脱落，仅留施釉痕。

标本 GZY：32 碗

  年代：隋—唐初

  尺寸：口径 14cm，底径 5.5cm，高 9.2cm

碗呈倒钟型，侈口，尖唇外撇，斜直壁深腹，内平底，饼足内凹，足墙外撇，足心有明显旋刻痕迹，足底边缘旋削一周。灰白胎，青釉，内外仅口沿三分之一处施釉，开细片，内有泪痕状垂釉。外腹下部有明显旋削痕。

标本 GZY：223 青釉碗底残片

    年代：隋—唐初

    尺寸：残长 11.4cm

标本 GZY：224 青釉碗底残片

    年代：隋—唐初

    尺寸：残长 13cm

标本 GZY：225 碗底残片

年代：隋—唐初

尺寸：残长 7.4cm

莲花纹碗底残片

年代：隋—唐初

尺寸：残长 9cm

标本 GZY：38 碗

　　年代：唐

　　尺寸：口径 12.2cm，底径 6.4cm，高 5.2cm

直口微敞，圆唇，弧腹，平底，有明显线切割痕。黄红胎，无釉。

标本 GZY：31 碗

年代：唐

尺寸：口径 10.2cm，底径 5cm，高 6.7cm

敞口，圆唇，直壁深腹，内圜底，饼足，足底边缘旋削一周。灰白胎，青釉，内施满釉，外仅口沿部施釉，有泪痕状垂釉。内底有四支钉痕。

标本 GZY：232 青釉碗底残片

　　年代：五代—北宋

　　尺寸：残长 9.7cm

足底刻"大"字。

标本 GZY：126 檐口坛

年代：隋—唐初

尺寸：内檐径 8.6cm，外檐径 15.1cm，底径 10.2cm，高 17.8cm

内檐圆唇敛口，外有弧檐上翘，内檐略高于外檐，微束颈，鼓腹微圆，平底内凹。红黄胎，内仅口沿一周施釉，外釉不及腹，釉已脱落，仅留施釉痕。肩部饰四横系。

标本 GZY：130 檐口坛

年代：北宋

尺寸：内檐径 7.8cm，外檐径 13.6cm，底径 8.5cm，高 13cm

内檐方唇敛口，外有弧檐上翘，内檐高于外檐，微束颈，鼓腹，下腹斜收至底，平底。红黄胎，内仅口沿一周施釉，外釉及底，釉已脱落，仅留施釉痕。颈部旋刻一周。

标本 GZY：127 檐口坛

年代：北宋

尺寸：内檐径 8.8cm，外檐径 16cm，底径 10.5cm，高 20.5cm

内檐方唇敛口，外有弧檐上翘，内檐高于外檐，微束颈，鼓腹，下腹斜收至底，平底。红黄胎，内仅口沿一周施釉，外釉及底，釉已脱落，仅留施釉痕。

标本 GZY：128 檐口坛

　　年代：北宋

　　尺寸：内檐径 8.8cm，外檐径 15.2cm，底径 9.6cm，高 23cm

内檐圆唇敛口，外有弧檐上翘，内檐高于外檐，微束颈，鼓腹，下腹斜收至底，平底。灰白胎，内仅口沿一周施釉，外釉及底，釉已脱落，仅留施釉痕。肩部饰二竖系。

标本 GZY：青釉多角坛残片

年代：北宋

尺寸：残长 5.6cm—9.7cm

标本 GZY：35 器盖

年代：隋—唐初

尺寸：口径 11.8cm，底径 4cm，高 5.3cm

檐口坛器盖。直口，方唇，弧腹，饼足微内凹，足底边缘旋削一周。灰白胎，青釉，仅内外口沿处施釉一周。

标本 GZY：34 器盖

    年代：隋—唐初

    尺寸：口径 17.1cm，底径 5.1cm，高 6.5cm

檐口坛器盖。直口，方唇，弧腹，饼足微内凹。灰白胎，青釉，仅内外口沿处施釉一周，外口沿有泪痕状垂釉。

标本 GZY：36 器盖

年代：隋—唐初

尺寸：口径 21.8cm，底径 7.4cm，高 7.2cm

檐口坛器盖。敞口，方唇，弧腹，饼足内凹，足墙外撇，足心有旋刻痕，足底边缘旋削一周。灰白胎，青釉，仅内外口沿处施釉一周。壁中刻有两道弦纹。

标本 GZY：16 器盖

年代：北宋

尺寸：口径 8.5cm，底径 2.6cm，高 2.8cm

檐口坛器盖。敞口，圆唇，斜弧腹，平底，有明显线切割痕。灰白胎。

标本 GZY：14 器盖

年代：北宋

尺寸：口径 12cm，底径 3.7cm，高 5cm

檐口坛器盖，敞口，方唇，弧腹，平底，有明显线切割痕。灰白胎夹有石英颗粒。

标本 GZY：111 器盖

  年代：北宋

  尺寸：盖径 7.8cm，纽径 2.4cm，高 2.8cm

盖面微斜，饼状纽，开一孔。陶质。

标本 GZY：92 青釉香炉足残片

年代：隋—唐初

尺寸：残高 3.4cm

标本 GZY：90 青釉香炉足残片

年代：隋—唐初

尺寸：残高 4.7cm

标本 GZY：91 香炉足残片

年代：隋—唐初

尺寸：残高 4.6cm

标本 GZY：93 青釉香炉足残片

年代：隋—唐初

尺寸：残高 7.1cm

标本 GZY：94 香炉足残片

年代：隋—唐初

尺寸：残高 8.7cm

标本 GZY：8 香炉残片

年代：晚唐—五代

尺寸：残长 16.5cm

标本 GZY：132 熏炉

年代：北宋

尺寸：直径 18.5cm，底径 10cm

小口，斜腹，平底。灰白胎，青黄釉，外施半釉。肩有镂孔。烧制变形。

标本 GZY：138 青釉熏炉残片

年代：北宋

尺寸：残长 11.2cm

标本 GZY：139 熏炉残片

年代：北宋

尺寸：残长 12.1cm

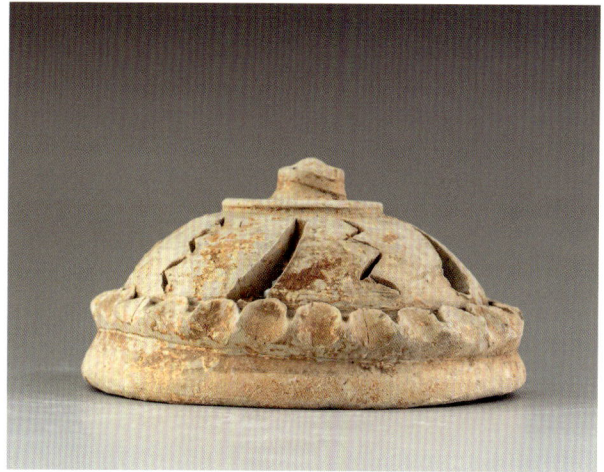

标本 GZY：133 熏炉盖

　　年代：北宋

　　尺寸：盖径 16cm，纽径 1.7cm，高 5.8cm

重檐宝珠形，小圆纽，饰镂空和波浪形堆纹。灰白胎，外施青黄釉，脱釉严重。

标本 GZY：134 青釉熏炉盖残片

　　年代：北宋

　　尺寸：残长 9.6cm

标本 GZY：135 熏炉盖残片

    年代：北宋

    尺寸：残长 8.7cm

标本 GZY：108 青釉器盖残片

    年代：北宋

    尺寸：残长 20.1cm

标本 GZY：109 青釉器盖残片

    年代：北宋

    尺寸：残长 10cm

标本 GZY：110 青釉器盖残片

    年代：北宋

    尺寸：残长 15.9cm

标本 GZY：99 砚台

年代：隋—唐初

尺寸：外径 15.4cm，砚面径 11.8cm，高 4.9cm

圆形辟雍砚。砚中部高起，周有一规整沟槽，下置九个水滴足。灰白胎，砚面与砚底无釉，余皆施青黄釉，脱釉严重。

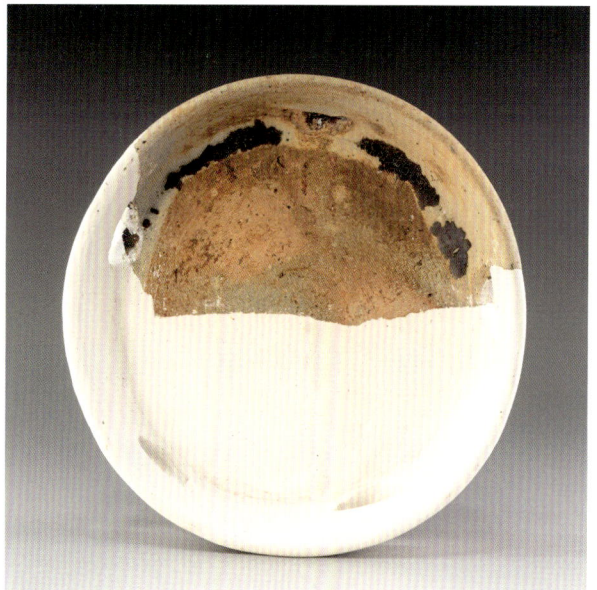

标本 GZY：100 砚台

    年代：隋—唐初

    尺寸：外径 15.1cm，砚面径 11.5cm，底径 17cm，高 4.6cm

圆形辟雍砚。砚中部高起，周有一规整沟槽，圈足周围镂有五个新月形孔，孔间刻有七至八道斜线纹。灰白胎，砚面与砚底无釉，余皆施青釉，脱釉严重。

标本 GZY：101 砚台

年代：隋—唐初

尺寸：外径 16cm，砚面径 12.5cm，底径 17.4cm，高 5cm

圆形辟雍砚。砚中部高起，周有一规整沟槽，圈足周围镂有五个新月形孔，孔间刻有五至六道斜线纹。灰白胎，砚面与砚底无釉，余皆施青釉，脱釉严重。

标本 GZY：102 青釉砚台残片

年代：隋—唐初

尺寸：残长 9.8cm

标本 GZY：103 青釉砚足残片

年代：隋—唐初

尺寸：残长 6.9cm

标本 GZY：砚台残件

    年代：隋—唐初

    尺寸：残长 4.5cm

砚壁刻有窑工记号。

标本 GZY：98 砚台

年代：隋—唐初

尺寸：外径 4.3cm，砚面径 2.9cm，底径 5.2cm，高 1.5cm

圆形辟雍砚。砚中部高起，砚面微凹，周有一规整沟槽，圈足。灰白胎，砚面与砚底无釉，余皆施青釉，脱釉严重。

标本 GZY：168 算珠形纺轮

年代：隋—唐初

尺寸：直径 2.7cm，厚 2.1cm

标本 GZY：169 算珠形纺轮

年代：隋—唐初

尺寸：直径 3.4cm，厚 3.1cm

标本 GZY：170 算珠形纺轮

年代：隋—唐初

尺寸：直径 3.9cm，厚 3.5cm

标本 GZY：171 纺轮

年代：隋—唐初

尺寸：直径 2.8cm，厚 1.1cm

圆形，中有圆孔。陶质，灰白胎。周面饰锥刺纹。

标本 GZY：172 纺轮

年代：隋—唐初

尺寸：直径 3.2cm，厚 1.2cm

圆形，中有圆孔。灰白胎，周面施青釉。周面饰锥刺纹。

标本 GZY：173 纺轮

年代：隋—唐初

尺寸：直径 3.3cm，厚 1.4cm

圆形，中有圆孔。陶质，灰白胎。周面饰锥刺纹。

标本 GZY：161 网坠

年代：隋—唐初

尺寸：长 7.3cm，最大径 2.8cm

长圆筒形，中部稍粗，两端对穿圆孔。陶质，灰白胎。素面。

标本 GZY：162 网坠

年代：隋—唐初

尺寸：长 3.2cm，宽 3.3cm，厚 2.2cm

扁圆体，两面均有弧形系绳沟。陶质，灰白胎。素面。

标本 GZY：163 网坠

年代：隋—唐初

尺寸：长 3.2cm，宽 3.4cm，厚 2.1cm

扁圆体，两面均有弧形系绳沟。陶质，灰白胎。素面。

标本 GZY：164 网坠

年代：隋—唐初

尺寸：长 3.5cm，宽 3.3cm，厚 2.3cm

扁圆体，两面均有弧形系绳沟。陶质，灰白胎。素面。

标本 GZY：157 网坠

年代：隋—唐初

尺寸：长 3.8cm，直径 1.8cm

长圆条形，两端均刻有沟槽。陶质，灰白胎。素面。

标本 GZY：159 网坠

年代：隋—唐初

尺寸：长 3.8cm，宽 1.1cm

长方体，两端均刻有沟槽。陶质，灰白胎。面上刻有窑工记号。

标本 GZY：160 网坠

年代：隋—唐初

尺寸：长 4.3cm，宽 1.6cm

长方体，两端均刻有沟槽。陶质，灰白胎。素面。

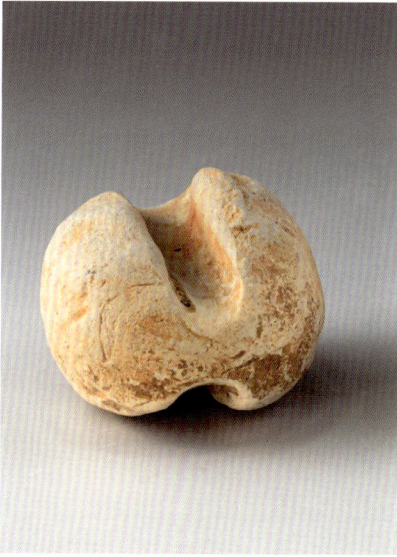

标本 GZY：165 网坠

　　年代：晚唐—五代

　　尺寸：长 6.7cm，宽 6cm，厚 4.4cm

鹅卵形，两面均有弧形系绳沟，素面，陶质。灰白胎。

标本 GZY：166 网坠

　　年代：晚唐—五代

　　尺寸：长 6.7cm，宽 5.7cm，厚 3.8cm

鹅卵形，两面均有弧形系绳沟，素面，陶质。灰白胎。

标本 GZY：167 网坠

　　年代：晚唐—五代

　　尺寸：长 5cm，宽 3.6cm，厚 2.9cm

鹅卵形，两面均有弧形系绳沟，素面，陶质，灰白胎。

标本 GZY：97 瓮残片

　　年代：隋—唐初

　　尺寸：残长 14.2cm

标本 GZY：95 水波纹瓮残片

　　年代：隋—唐初

　　尺寸：残长 30cm

青釉轴顶帽

年代：隋—唐初

尺寸：长 6.5cm，宽 6.3cm，厚 3.8cm，凹槽直径 4.5cm

标本 GZY：17 灯盏

年代：北宋

尺寸：口径 7.9cm，底径 3.1cm，高 2.3cm

敞口，圆唇，斜直腹，平底，有明显线切割痕。青黄釉，内施满釉，口沿处刮釉一周。

标本 GZY：18 灯盏

年代：北宋

尺寸：口径 8.1cm，底径 2.9cm，高 2.2cm

敞口，圆唇，斜直腹，平底，有明显线切割痕。青黄釉，内施满釉。

标本 GZY：84 青釉烛台残件

年代：隋—唐初

尺寸：残高 7cm

标本 GZY：85 青釉烛台残件

年代：隋—唐初

尺寸：底径 11cm，残高 39cm

直筒型，顶窄底宽，中空，顶部和中部各有
一灯台，已残。灰白胎，青釉，外施满釉，
釉已脱落。

青釉器座残件

年代：隋—唐初

尺寸：直径 19.5cm，孔径 4.5cm，高 8cm

标本 GZY：86 陶权

年代：隋—唐初

尺寸：高 7.5cm，宽 7.2cm

标本 GZY：226 青釉鱼形器残件

年代：隋—唐初

尺寸：残长 7.3cm

标本 GZY：41 装烧工艺

  标本：隋—唐初

  尺寸：残长 8.8cm

标本 GZY：42 装烧工艺

  年代：隋—唐初

  尺寸：残长 8.1cm

标本 GZY：44 装烧工艺

年代：隋—唐初

尺寸：残长 14.6cm

标本 GZY：45 装烧工艺

年代：隋—唐初

尺寸：残长 14.8cm

标本 GZY：46 装烧工艺

    年代：隋—唐初

    尺寸：残长 21.2cm

标本 GZY：43 装烧工艺

    年代：北宋

    尺寸：残长 10.8cm

标本 GZY：234 碾轮

年代：北宋

尺寸：外径 8.7cm，孔径 2cm，厚 2.2cm

扁圆形，中心有圆孔，中部与边缘厚度一致。陶质，灰白胎。一面刻有"宅"字。

标本 GZY：151 碾轮

年代：北宋

尺寸：外径 10.4cm，孔径 2cm，厚 0.8cm

扁圆形，中心有圆孔，中部厚边缘薄。陶质，灰白胎。

标本 GZY：149 碾槽

年代：北宋

尺寸：残长 11cm，高 6.7cm

槽断面呈"V"字形，有底座。灰白胎。周面饰有菱形刻划纹，底部刻有文字（无法辨别）。

标本 GZY：150 碾槽

　　年代：北宋

　　尺寸：残长 7.2cm，宽 5cm，高 5.4cm

槽断面呈"V"字形。黄红胎，外施青釉，槽内与底部无釉。底部刻有"十口"。

标本 GZY：47 伞状支烧具

年代：隋—唐初

尺寸：直径 23.5cm，高 13.5cm，柱径 8.5cm

中心凸起一空心圆柱，倒置呈伞状。

标本 GZY：48 匣钵

年代：隋—唐初

尺寸：直径 17cm，高 16cm

圆桶形，口沿有三个弧形缺口，下腹有对称圆孔两个。

标本 GZY：49 匣钵盖

    年代：隋—唐初

    尺寸：直径 19.4cm，高 3.3cm

覆盆形，上下底微内凹，有指窝痕，夹砂陶质。灰黄胎。

标本 GZY：51 窑柱

年代：隋—唐初

尺寸：高 10.9cm，宽 5.8cm

标本 GZY：53 七齿垫饼

年代：隋—唐初

尺寸：直径 7.4cm，厚 1.8cm

标本 GZY：54 六齿垫饼

年代：隋—唐初

尺寸：直径 6.5cm，厚 1.5cm

标本 GZY：58 五齿垫饼

年代：隋—唐初

尺寸：直径 6.4cm，厚 1.3cm

标本 GZY：70 三足支钉

年代：隋—唐初

尺寸：边 4.3cm、4.8cm、4.6cm，高 1.7cm

标本 GZY：72 垫圈

年代：隋—唐初

尺寸：最大宽 6.3cm，厚 0.4cm

标本 GZY：73 垫圈

年代：隋—唐初

尺寸：最大宽 5.2cm，厚 1.2cm

标本 GZY：74 垫饼

年代：隋—唐初

尺寸：直径 5.4cm，厚 0.9cm

标本 GZY：75 垫饼

年代：隋—唐初

尺寸：直径 6.4cm，厚 2.3cm

标本 GZY：76 齿轮形垫具

年代：隋—唐初

尺寸：直径 7.2cm，厚 2.5cm

标本 GZY：52 泥条垫具

　　年代：北宋

　　尺寸：长 7.8cm，厚 1.8cm

标本 GZY：匣钵残片

　　年代：隋—唐初

　　尺寸：残长：7.5cm

刻有"□□□"字

标本 GZY：63 四足支钉垫圈

年代：北宋

尺寸：直径 6.6cm，高 1.4cm

标本 GZY：66 四足支钉垫圈

年代：北宋

尺寸：直径 7.8cm，高 2.6cm

标本 GZY：68 五足支钉垫圈

年代：北宋

尺寸：直径 8.8cm，高 2.3cm

标本 GZY：71 双面五足支钉垫圈

年代：北宋

尺寸：直径 8.4cm，高 2.4cm

标本 GZY：237 碗底残片（寺）

年代：隋—唐初
尺寸：残长 10.5cm

标本 GZY：238 碗底残片（寺）

年代：隋—唐初
尺寸：残长 12cm

标本 GZY：233 烛台残片（龍德）

年代：五代
尺寸：残高 10cm

标本 GZY：240 青釉罐残片（皇祐二年楊小二）

年代：北宋

尺寸：残长 14cm

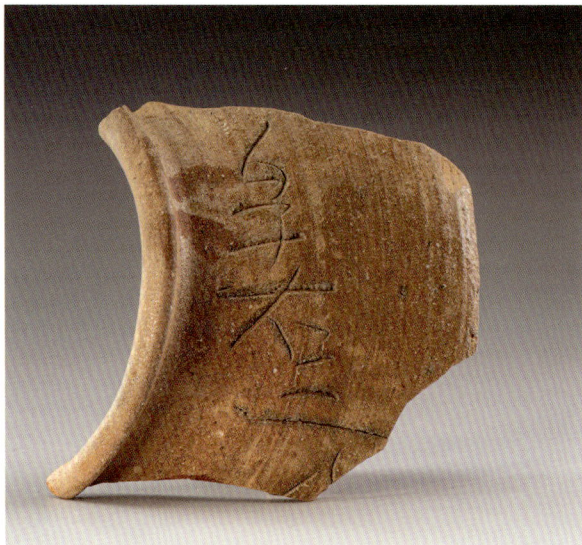

标本 GZY：241 青釉罐残片（皇右二）

年代：北宋

尺寸：残长 8cm

标本 GZY：239 青釉罐残片（皇祐四年秦）

年代：北宋

尺寸：残长 11cm

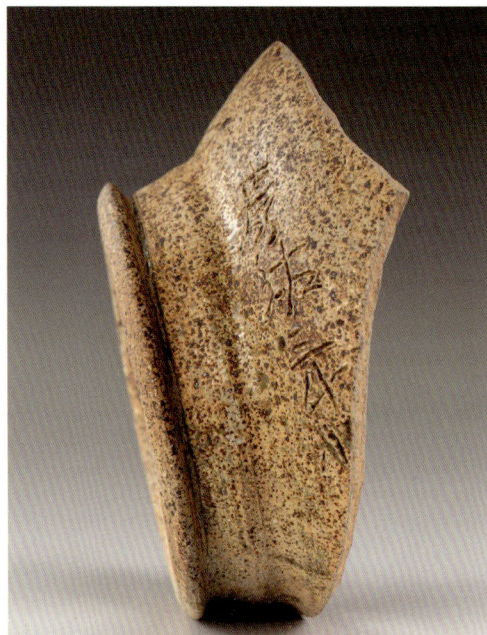

标本 GZY：243 青釉罐残片（嘉祐三年小）

年代：北宋

尺寸：残长 9.8cm

标本 GZY：244 青釉罐残片（皇四年四二）

年代：北宋

尺寸：残长 10.5cm

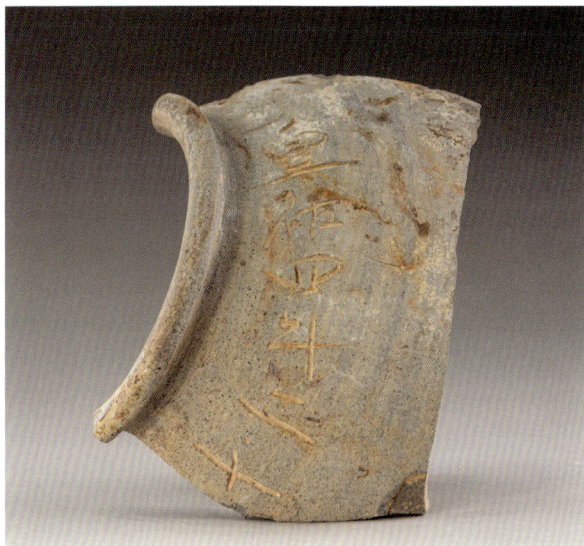

标本 GZY：245 青釉罐残片（皇祐四年二十）

年代：北宋

尺寸：残长 12cm

标本 GZY：246 青釉罐残片（皇祐五小九）

年代：北宋

尺寸：残长 11cm

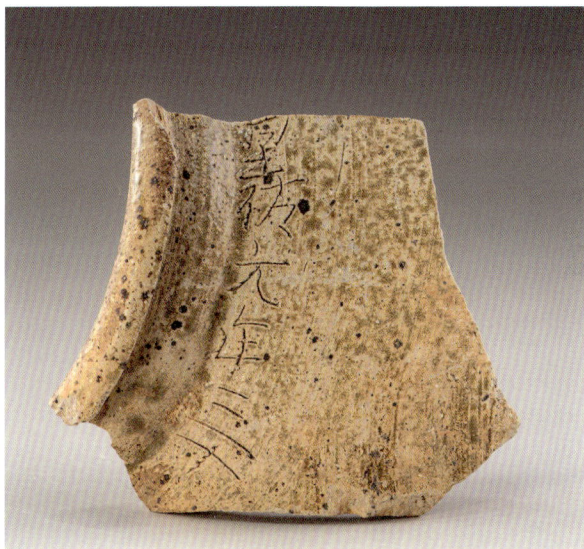

标本 GZY：247 青釉罐残片（皇祐元年三十）

年代：北宋

尺寸：残长 7.5cm

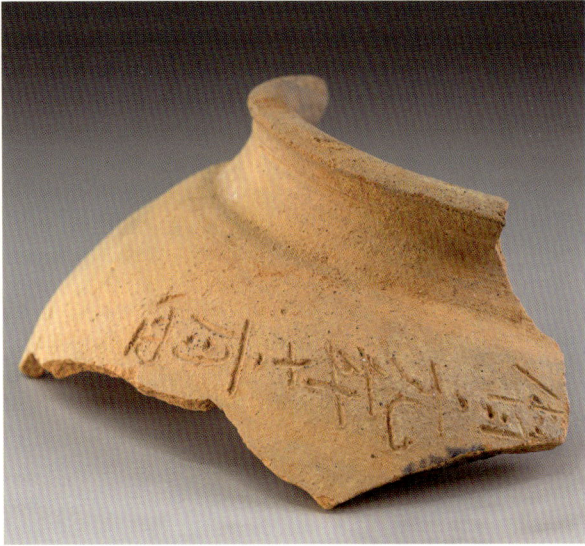

标本 GZY：248 青釉罐残片（曆元年十二月四）

年代：北宋

尺寸：残长 11.5cm

标本 GZY：249 青釉罐残片（曆三年十二月）

年代：北宋

尺寸：残长 8.3cm

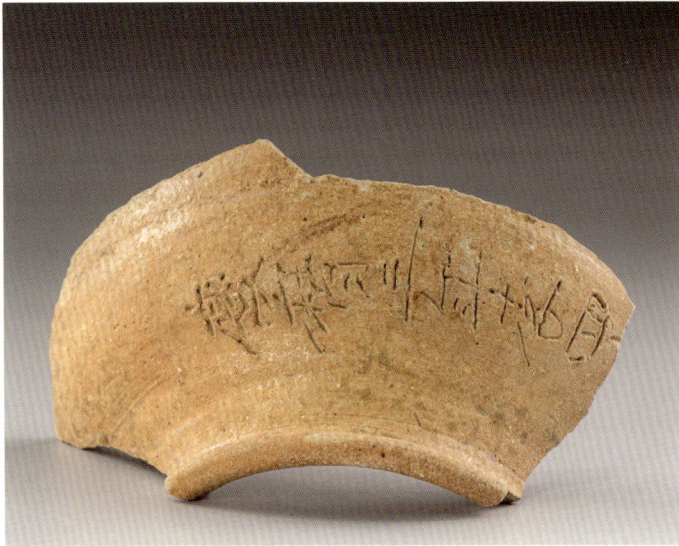

标本 GZY：250 青釉罐残片（慶曆三年李四□）

年代：北宋

尺寸：残长 13.5cm

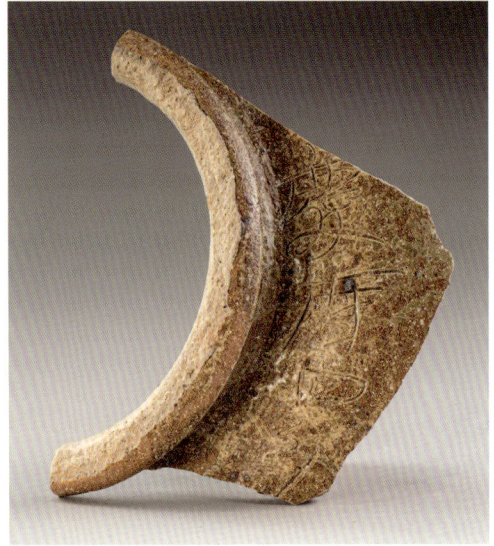

标本 GZY：251 青釉罐残片（慶曆四年）

年代：北宋

尺寸：残长 9.5cm

标本 GZY：252 青釉罐残片（慶曆六年記）

年代：北宋

尺寸：残长 14cm

标本 GZY：253 青釉罐残片（慶
曆七年三十）

年代：北宋

尺寸：残长 12cm

标本 GZY：254 青釉罐残片（慶曆八年一）

年代：北宋

尺寸：残长 10.5cm

标本 GZY：255 青釉罐残片（加祐三年李）

年代：北宋

尺寸：残长 9.3cm

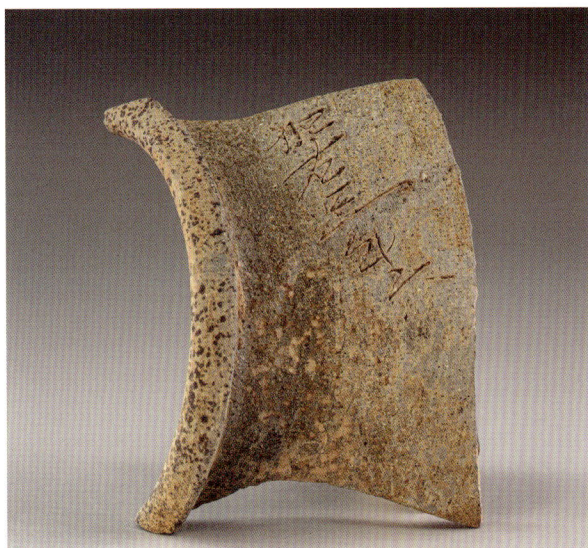

标本 GZY：256 青釉罐残片（加右三年六）

年代：北宋

尺寸：残长 8.3cm

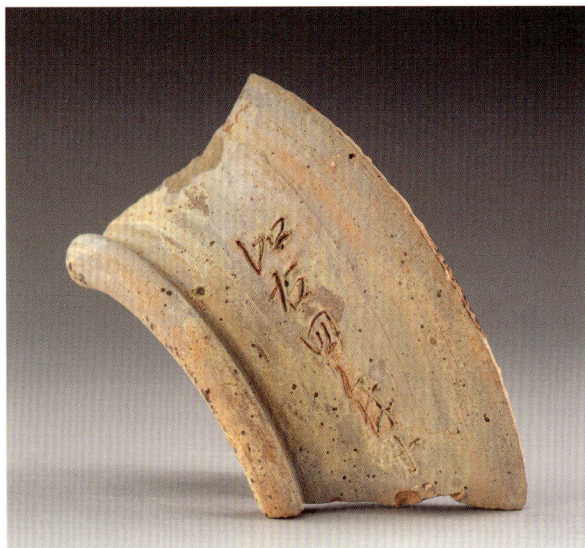

标本 GZY：257 青釉罐残片（加右四年十）

年代：北宋

尺寸：残长 10cm

标本 GZY：258 青釉罐残片（加右六年李）

年代：北宋

尺寸：残长 6.5cm

标本 GZY：259 青釉罐残片（加右七年廿九）

年代：北宋

尺寸：残长 8cm

标本 GZY：260 青釉罐残片（加右八年廿）

年代：北宋

尺寸：残长 8.6cm

GZY：261 青釉罐残片（□祐二年九）

年代：北宋

尺寸：残长 7.5cm

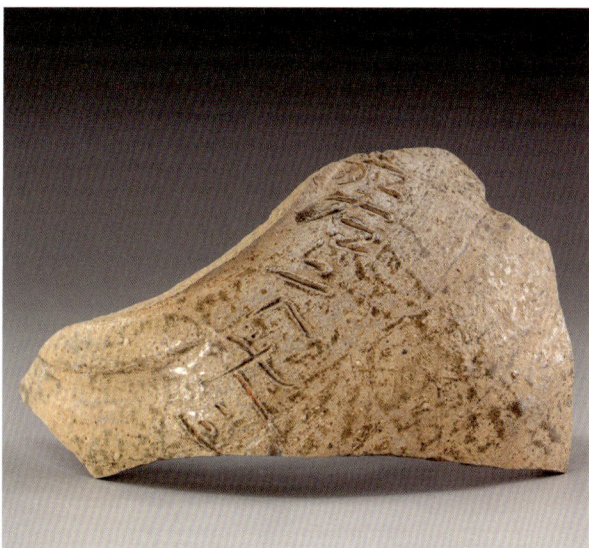

标本 GZY：262 青釉罐残片（嘉右二八大三）

年代：北宋

尺寸：残长 13.5cm

标本 GZY：263 青釉罐残片（定元）

年代：北宋

尺寸：残长 5.7cm

标本 GZY：264 青釉罐残片（至和）

年代：北宋

尺寸：残长 7cm

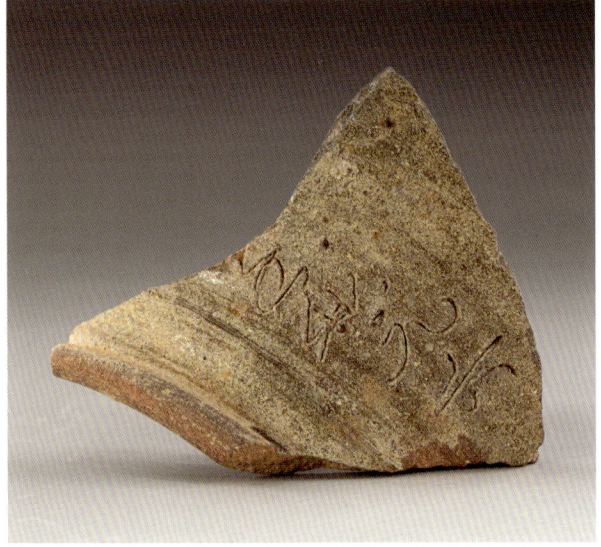

标本 GZY：265 青釉罐残片（至和元六）

年代：北宋

尺寸：残长 6.7cm

标本 GZY：266 青釉罐残片（至和元年）

年代：北宋

尺寸：残长 10.5cm

标本 GZY：267 青釉罐残片（和元年李）

年代：北宋

尺寸：残长 9.5cm

标本 GZY：268 青釉罐残片（和三年小二）

　　年代：北宋

　　尺寸：残长 9cm

标本 GZY：269 青釉罐残片（治平三年李小一）

　　年代：北宋

　　尺寸：残长 8cm

标本 GZY：270 青釉罐残片（子年小二）

　　年代：北宋

　　尺寸：残长 9.5cm

标本 GZY：271 青釉罐残片（二年小七）

　　年代：北宋

　　尺寸：残长 8.5cm

标本 GZY：272 青釉罐残片（五年□六）

年代：北宋

尺寸：残长 6cm

标本 GZY：273 青釉罐残片（八年□ ）

年代：北宋

尺寸：残长 2.5cm

标本 GZY：274 青釉罐残片（四年二十）

年代：北宋

尺寸：残长 15cm

标本 GZY：275 青釉罐残片（九年上）

年代：北宋

尺寸：残长 8cm

标本 GZY：276 青釉罐残片（六年李）

　　年代：北宋

　　尺寸：残长 8.5cm

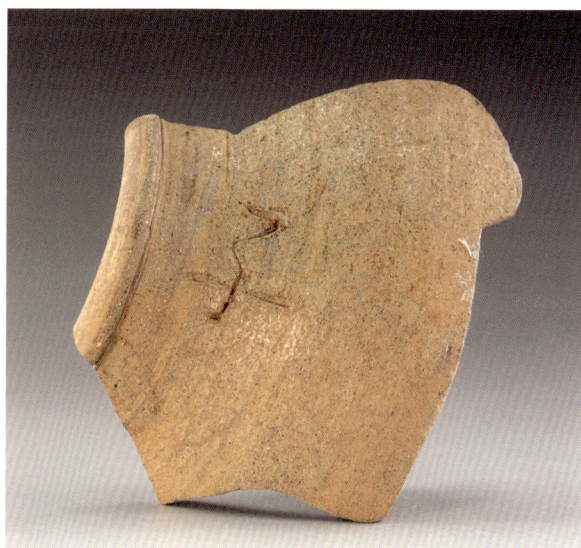

标本 GZY：277 青釉罐残片（子）

　　年代：北宋

　　尺寸：残长 9.5cm

标本 GZY：278 青釉罐残片（□）

　　年代：北宋

　　尺寸：残长 12.5cm

标本 GZY：279 青釉罐残片（李）

　　年代：北宋

　　尺寸：残长 8.3cm

标本 GZY：280 青釉罐残片（李小四）

年代：北宋

尺寸：残长 10cm

标本 GZY：281 青釉罐残片（李□）

年代：北宋

尺寸：残长 4.5cm

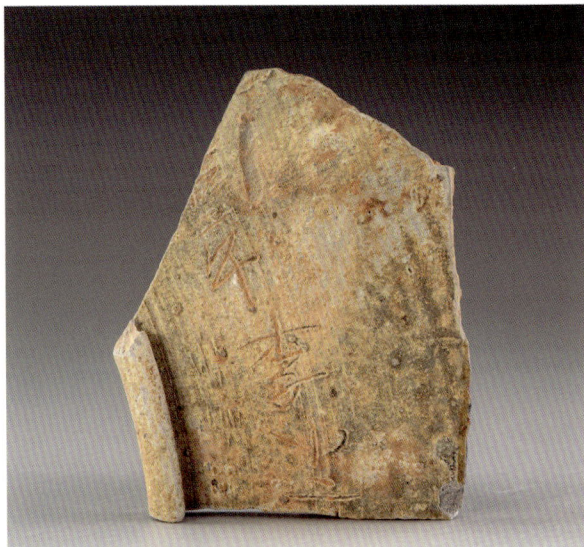

标本 GZY：282 青釉罐残片（□二年李小二）

年代：北宋

尺寸：残长 2.5cm

标本 GZY：283 青釉罐残片（□年李小）

年代：北宋

尺寸：残长 9cm

标本 GZY：284 青釉罐残片（李□）

　　年代：北宋

　　尺寸：残长 6cm

标本 GZY：285 青釉罐残片（李□）

　　年代：北宋

　　尺寸：残长 7.7cm

标本 GZY：286 青釉罐残片（李小七）

　　年代：北宋

　　尺寸：残长 10.5cm

标本 GZY：287 青釉罐残片（楊十二）

　　年代：北宋

　　尺寸：残长 7cm

标本 GZY：288 青釉罐残片（楊三）

　　年代：北宋

　　尺寸：残长 7.4cm

标本 GZY：289 青釉罐残片（楊四）

　　年代：北宋

　　尺寸：残长 12.5cm

标本 GZY：290 青釉罐残片（五年楊小二）

　　年代：北宋

　　尺寸：残长 11cm

标本 GZY：291 青釉罐残片（小秦）

　　年代：北宋

　　尺寸：残长 10.8cm

标本 GZY：292 青釉罐残片（蒋四□）

年代：北宋

尺寸：残长 12cm

标本 GZY：294 青釉罐残片（□）

年代：北宋

尺寸：残长 8cm

标本 GZY：295 青釉罐残片（大□）

年代：北宋

尺寸：残长 8cm

标本 GZY：296 青釉罐残片（大一）

　　年代：北宋

　　尺寸：残长 13cm

标本 GZY：297 青釉罐残片（大二）

　　年代：北宋

　　尺寸：残长 10.5cm

标本 GZY：298 青釉罐残片（大三）

　　年代：北宋

　　尺寸：残长 7.5cm

标本 GZY：299 青釉罐残片（大四）

　　年代：北宋

　　尺寸：残长 10cm

标本 GZY：300 青釉罐残片（大六）

年代：北宋

尺寸：残长 7.8cm

标本 GZY：301 青釉罐残片（李小一）

年代：北宋

尺寸：残长 6.2cm

标本 GZY：302 青釉罐残片（小二）

年代：北宋

尺寸：残长 8.2cm

标本 GZY：303 青釉罐残片（小三）

年代：北宋

尺寸：残长 9.5cm

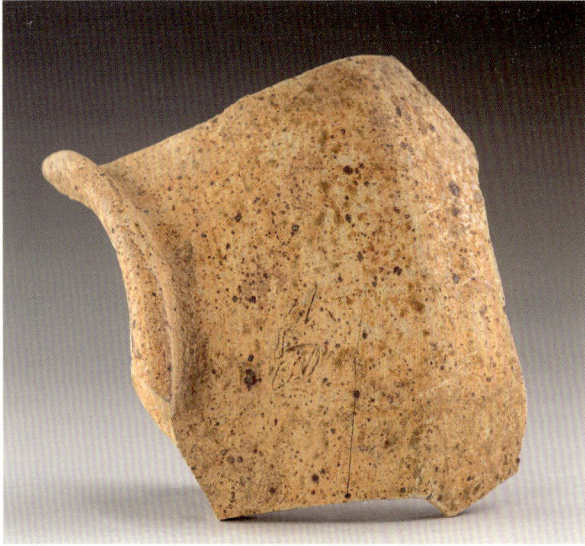

标本 GZY：304 青釉罐残片（小四）

年代：北宋

尺寸：残长 9.5cm

标本 GZY：305 青釉罐残片（小五）

年代：北宋

尺寸：残长 10cm

标本 GZY：306 青釉罐残片（小八）

年代：北宋

尺寸：残长 6.5cm

标本 GZY：307 青釉罐残片（□年小九）

年代：北宋

尺寸：残长 8.5cm

标本 GZY：308 青釉罐残片（小十二）

年代：北宋

尺寸：残长 9cm

标本 GZY：309 青釉罐残片（□小十四）

年代：北宋

尺寸：残长 8cm

标本 GZY：310 青釉罐残片（小三四）

年代：北宋

尺寸：残长 11cm

标本 GZY：311 青釉罐残片（小三五）

年代：北宋

尺寸：残长 9cm

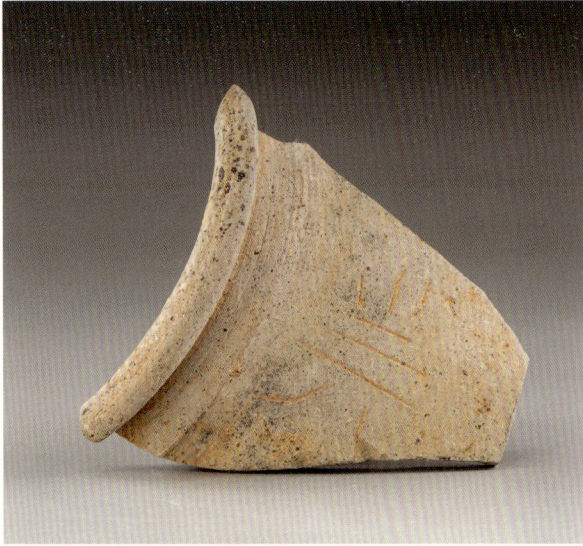

标本 GZY：312 青釉罐残片（小三八）

年代：北宋

尺寸：残长 7.5cm

标本 GZY：313 青釉罐残片（□小三九）

年代：北宋

尺寸：残长 8.5cm

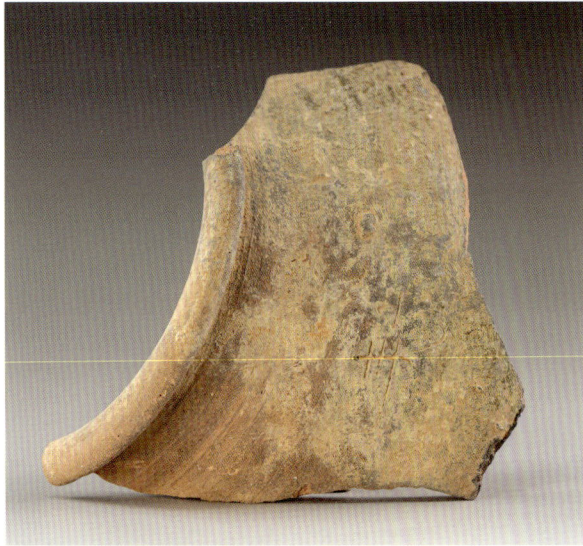

标本 GZY：314 青釉罐残片（小卅）

年代：北宋

尺寸：残长 9.5cm

标本 GZY：315 青釉罐残片（六）

年代：北宋

尺寸：残长 10cm

标本 GZY：316 青釉罐残片（七）

年代：北宋

尺寸：残长 7cm

标本 GZY：317 青釉罐残片（□）

年代：北宋

尺寸：残长 8.5cm

标本 GZY：318 青釉罐残片（三）

年代：北宋

尺寸：残长 12cm

标本 GZY：319 青釉罐残片（十四）

年代：北宋

尺寸：残长 13cm

标本 GZY：320 青釉罐残片（二小二）

年代：北宋

尺寸：残长 9cm

标本 GZY：321 青釉罐残片（□二十）

年代：北宋

尺寸：残长 12.5cm

标本 GZY：322 青釉罐残片（廿九）

年代：北宋

尺寸：残长 8.5cm

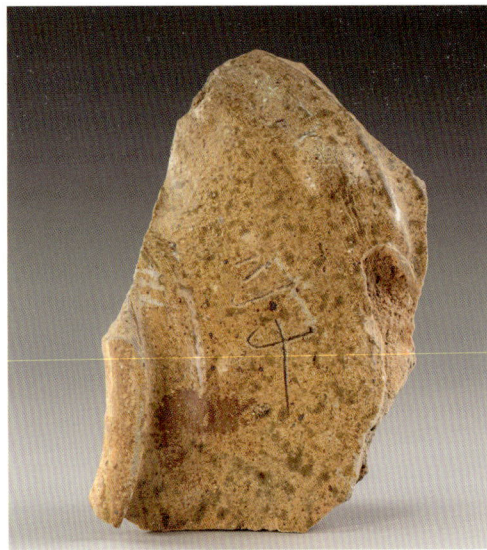

标本 GZY：323 青釉罐残片（三十）

年代：北宋

尺寸：残长 11.5cm

标本 GZY：324 青釉罐残片（三十二）

　　年代：北宋

　　尺寸：残长 7.8cm

标本 GZY：325 青釉罐残片（三十六）

　　年代：北宋

　　尺寸：残长 8cm

标本 GZY：326 青釉罐残片（三八）

　　年代：北宋

　　尺寸：残长 15cm

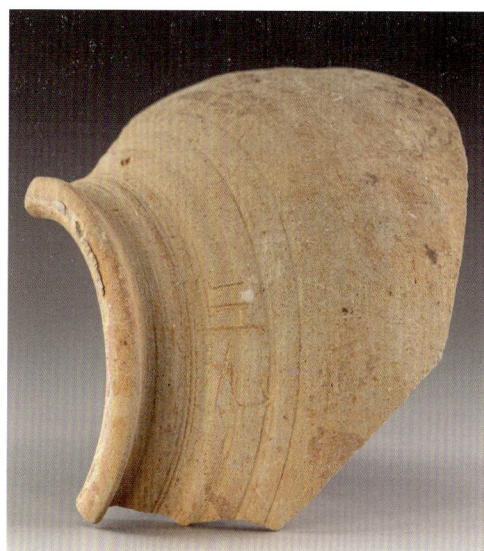

标本 GZY：327 青釉罐残片（三九）

　　年代：北宋

　　尺寸：残长 13.5cm

标本 GZY：328 青釉罐残片（三九）

年代：北宋

尺寸：残长 8.5cm

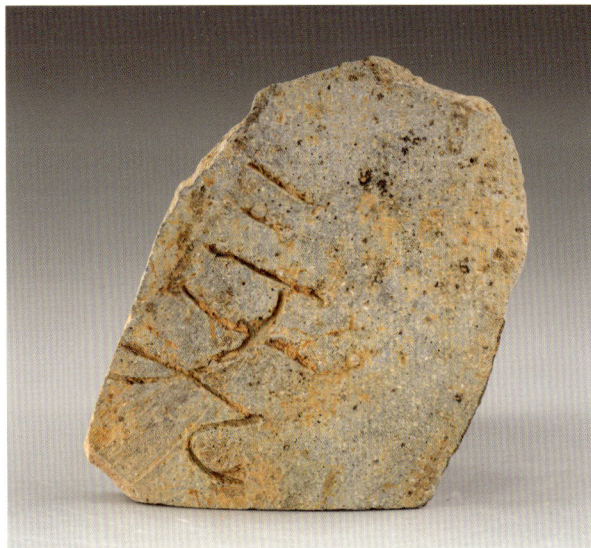

标本 GZY：329 青釉罐残片（三十九）

年代：北宋

尺寸：残长 6.5cm

标本 GZY：330 青釉罐残片（廿一）

年代：北宋

尺寸：残长 9cm

标本 GZY：331 青釉罐残片（廿一）

年代：北宋

尺寸：残长 9.5cm

标本 GZY：332 青釉罐残片（二十）

年代：北宋

尺寸：残长 7.5cm

标本 GZY：333 青釉罐残片（寶）

年代：北宋

尺寸：残长 6cm

标本 GZY：334 青釉罐残片（□）

年代：北宋

尺寸：残长 10cm

标本 GZY：335 青釉罐残片（□）

年代：北宋

尺寸：残长 8.5cm

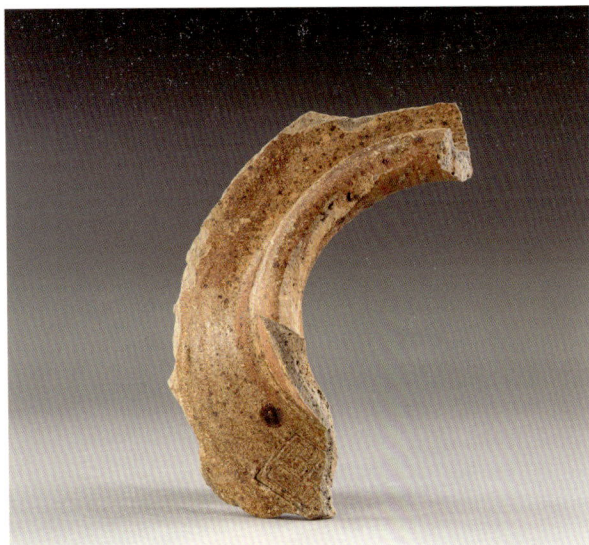

青釉罐残片（戳印）

年代：北宋

尺寸：残长 14.3cm

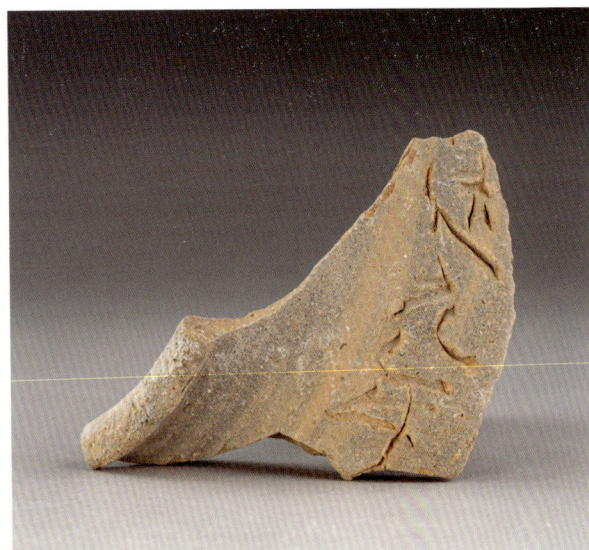

青釉罐残片（□定元年）

年代：北宋

尺寸：残长 7.5cm

青釉罐残片（戳印）

年代：北宋

尺寸：残长 10.5cm

青釉罐残片（□四年李小一）

年代：北宋

尺寸：残长 10.2cm

青釉罐残片（祐二年）

年代：北宋

尺寸：残长 8.5cm

青釉罐残片（治平三年□）

年代：北宋

尺寸：残长 6.5cm

青釉罐残片（子年）

年代：北宋

尺寸：残长 5.3cm

李

家

村

窑

李家村窑简介

李家村窑址位于桂林市雁山区柘木镇李家村南约 1.62 千米一耕地内，距桂州窑直线距离约 7 千米。此处原为一土坡，后被推平为耕地。窑址区域东侧紧邻一乡间土路，西侧附近为池塘，远处为相思江的一条支流，南北两侧皆为较为平坦的耕地。窑址所在坡地坡度较缓，东西高差约 10 米；靠路一侧地面翻土上可见大量瓷片，瓷片堆积较为集中，分布范围约 400 平方米。瓷片堆积处泥土为红褐色，翻土内瓷片较碎。耕地东南侧残留部分土坡，土坡上可见大量瓷片堆积和少量红烧土、窑砖等。瓷片多为檐口坛口沿、坛底和饼足碗底等。檐口坛口沿外部施青釉或青黄釉，饼足碗仅口沿一周施釉。李家村窑的烧造年代大致为隋至唐初，与桂州窑早期烧造产品器型、类别基本一致。

李家村窑标本图录

标本 LJCY：24 杯

年代：隋—唐初

尺寸：口径 4.5cm，底径 2.1cm，高 3.5cm

敛口，尖圆唇，弧腹，平底，有明显线切割痕。灰白胎，青釉，内施满釉，外施半釉，开细片。

标本 LJCY：25 杯

年代：隋—唐初

尺寸：口径 6.2cm，底径 2.7cm，高 3.4cm

直口，圆唇，弧腹，内平底，饼足，足心有明显线切割痕。灰白胎，青釉，内施满釉，外施半釉。

标本 LJCY：26 杯

    年代：隋—唐初

    尺寸：口径 6.8cm，底径 3.8cm，高 3.8cm

敛口，圆唇，弧腹，平底，有明显线切割痕。灰白胎，青釉，内施满釉，外施半釉，釉已脱落，仅留施釉痕。

标本 LJCY：27 杯

　　年代：隋—唐初

　　尺寸：口径 8.1cm，底径 2.7cm，高 4.8cm

直口微敛，方唇，弧腹，内圜底，饼足，足底边缘旋削一周。灰白胎，青釉，内施满釉，外施半釉，开细片。外腹下部有明显旋削痕。

标本 LJCY：58 杯

  年代：隋—唐初

  尺寸：口径 7.1cm，底径 3cm，高 4cm

直口微敛，圆唇，弧腹，内平底，饼足，足心有明显线切割痕。灰白胎，青釉，内施满釉，外施半釉，有泪痕状垂釉。内有窑粘。

标本 LJCY：54 青釉圆圈纹杯残片

年代：隋—唐初

尺寸：残长 6cm

标本 LJCY：6 青釉钵残件

年代：隋—唐初

尺寸：残高 8.8cm

标本 LJCY：7 青釉刻弦纹钵残片

年代：隋—唐初

尺寸：残长 15cm

标本 LJCY：8 青釉刻弦纹钵残片

年代：隋—唐初

尺寸：残长 17.7cm

标本 LJCY：9 青釉弦纹戳印纹钵残片

年代：隋—唐初

尺寸：残长 10cm

标本 LJCY：10 青釉弦纹花草纹钵残片

年代：隋—唐初

尺寸：残长 11cm

标本 LJCY：11 青釉弦纹花草纹钵残片

年代：隋—唐初

尺寸：残长 10.9cm

标本 LJCY：12 青釉弦纹钵残片

年代：隋—唐初

尺寸：残长 8cm

标本 LJCY：13 青釉刻划戳印纹钵残片

年代：隋—唐初

尺寸：残长 8cm

标本 LJCY：14 青釉弦纹花草纹钵残片

年代：隋—唐初

尺寸：残长 8.6cm

标本 LJCY：15 青釉弦纹钵残片

年代：隋—唐初

尺寸：残长 2.8cm

标本 LJCY：22 青釉水波纹钵残片

年代：隋—唐初

尺寸：残长 14.4cm

标本 LJCY：23 青釉弦纹钵残件

年代：隋—唐初

尺寸：残高 8.3cm

标本 LJCY：35 青釉水波纹罐残件

年代：隋—唐初

尺寸：残高 13.6cm

标本 LJCY：33 青釉四系盘口执壶残件

年代：隋—唐初

尺寸：残高 10.5cm

标本 LJCY：34 青釉带系盘口执壶残件

标本：隋—唐初

尺寸：残高 8cm

标本 LJCY：43 青釉壶执残片

年代：隋—唐初

尺寸：残长 7.6cm

标本 LJCY：44 青釉壶执残片

年代：隋—唐初

尺寸：残长 7.9cm

标本 LJCY：45 青釉壶执残片

年代：隋—唐初

尺寸：残长 8.1cm

标本 LJCY：36 青釉壶流残片

年代：唐

尺寸：残长 10.6cm

标本 LJCY：52 青釉瓶口残片

年代：隋—唐初

尺寸：残长 13.3cm

标本 LJCY：17 盘

年代：隋—唐初

尺寸：口径 15cm，底径 5.1cm，高 3.5cm

敞口，圆唇，浅折腹，饼足，足心刻有弦纹。灰白胎，青釉，内施满釉，外仅口沿部施釉。盘内残有五支钉痕。烧制变形。

标本 LJCY：18 盘

    年代：隋—唐初

    尺寸：口径14.2cm，底径5.6cm，高4cm

敞口，方唇外翻，折腹，饼足。灰白胎，青釉，内施满釉，外仅口沿部施釉。盘心至壁依次刻有七道弦纹。盘内残有二支钉痕及窑粘。

标本 LJCY：20 盘

年代：隋—唐初

尺寸：口径 14cm，底径 4.8cm，高 4cm

敞口，圆唇，斜弧腹下收，平底内凹。灰白胎，青釉，内仅盘壁施釉，盘心无釉，外仅口沿部施釉，有泪痕状垂釉，开细片。内壁与底连接处刻有两道弦纹。

标本 LJCY：16 高足盘底残件

    年代：隋—唐初

    尺寸：残长 10.5cm

标本 LJCY：19 青釉盘底残件

年代：隋—唐初

尺寸：残长 14.7cm

标本 LJCY：50 碗

年代：隋—唐初

尺寸：口径 9cm，底径 3.5cm，高 4cm

直口微敛，尖圆唇，弧腹，内平底，饼足内凹。灰白胎，青釉，内施满釉，外施半釉。

标本 LJCY：51 碗

年代：隋—唐初

尺寸：口径 10.5cm，底径 4cm，高 4.2cm

敞口，圆唇，弧腹，内平底，饼足，足底边缘旋削一周。灰白胎，青绿釉，内施满釉，外施半釉，开细片，有泪痕状垂釉，脱釉严重。内壁与底交接处刻有三道弦纹，碗心刻有四道弦纹。

标本 LJCY：21 碗底残片

　　年代：隋—唐初

　　尺寸：残长 10.4cm

内底刻有"王"字。

标本 LJCY：56 檐口坛

年代：隋—唐初

尺寸：内檐径 9.1cm，外檐径 16.1cm，底径 10.6cm，高 26.6cm

内檐圆唇直口，外有弧檐上翘，内檐高于外檐，束颈，鼓腹微圆，平底。灰白胎，内仅口沿施釉一周，外釉不及腹，釉已脱落，仅留施釉痕。肩部饰四横系。

标本 LJCY：49 器盖

年代：隋—唐初

尺寸：口径 18.4cm，底径 6.1cm，高 6cm

檐口坛器盖。敞口，方唇，弧腹，饼足微内凹。灰白胎，青釉，仅内外口沿处施釉一周，部分脱釉，外口沿有泪痕状垂釉。

标本 LJCY：47 器盖

　　年代：隋—唐初

　　尺寸：盖径 9.8cm，子口径 7.6cm，高 2cm

盖面微斜，子口，平顶。灰白胎，盖面施青釉，内壁无釉。

标本 LJCY：48 青釉器盖残片

年代：隋—唐初

尺寸：残长 7.6 cm

标本 LJCY：46 青釉香炉残片

年代：隋—唐初

尺寸：残长 8.2cm

标本 LJCY：37 香炉足残片

年代：隋—唐初

尺寸：残高 5.4cm

标本 LJCY：38 香炉足残片

年代：隋—唐初

尺寸：残高 6.5cm

标本 LJCY：39 香炉足残片

年代：隋—唐初

尺寸：残高 7cm

标本 LJCY：40 香炉足残片

年代：隋—唐初

尺寸：残高 8.4cm

标本 LJCY：41 香炉足残片

年代：隋—唐初

尺寸：残高：9.2cm

标本 LJCY：1 砚台

　　年代：隋—唐初

　　尺寸：外径 11.2cm，砚面径 8.5cm，高 4.2cm

圆形辟雍砚。砚面微凹，周有一规整沟槽，下置十一个水滴足。灰白胎，砚面与砚底无釉，余皆施青黄釉，脱釉严重。

标本 LJCY：2 砚台

年代：隋—唐初

尺寸：外径 13.2cm，砚面径 10cm，底径 14.8cm，高 3.8cm

圆形辟雍砚。砚面微凹，周有一规整沟槽，圈足周围镂有八个拱形孔。灰白胎，砚面与砚底无釉，余皆施青釉，脱釉严重。

标本 LJCY：3 砚台

　　年代：隋—唐初

　　尺寸：外径 17cm，砚面径 13.6cm，高 5cm

圆形辟雍砚。下置七个水滴足，砚中部高起，周有一规整沟槽。灰白胎，砚面与砚底无釉，余皆施青釉，脱釉严重。

标本 LJCY：5 青釉多足砚残片

年代：隋—唐初

尺寸：残长 17.3cm

标本 LJCY：4 青釉砚足残片

年代：隋—唐初

尺寸：残长 10.4cm

标本 LJCY：28 纺轮

年代：隋—唐初

尺寸：直径 3.2cm，厚 1.5cm

圆形，中有圆孔，周面饰锥刺纹。陶质，黄红胎。

标本 LJCY：29 纺轮

年代：隋—唐初

尺寸：直径 2.9cm，厚 1.5cm

圆形，中有圆孔，周面饰锥刺纹。陶质，灰白胎。

标本 LJCY：55 青釉烛台残件

　　年代：隋—唐初

　　尺寸：残高 19cm，底径 13.3cm

仅存底座，平底，呈喇叭形。灰白胎，青釉，
施釉不及底。

标本 LJCY：53 青釉纹饰残片

　　年代：隋—唐初

　　尺寸：残长 7cm

标本 LJCY：31 陶人面

年代：隋—唐初

尺寸：高 4.8cm，宽 2.2cm

标本 LJCY：32 青釉动物俑残件

年代：隋—唐初

尺寸：残长 7.2cm

标本 LJCY：30 塔形器残件

年代：唐

尺寸：残长 13cm

标本 LJCY：57 装烧工艺

    年代：隋—唐初

    尺寸：残长 16.6cm

装烧工艺

    年代：隋—唐初

    尺寸：残高 26cm

研究论文

广西桂州窑遗址

□ 桂林博物馆　曾少立　韦卫能

桂林既是誉名中外的风景旅游城市，又是我国南方的一座历史文化名城。从古至今，桂林文化昌明，古迹众多，尤其值得重视的是桂州窑遗址。它被发现于 1965 年。过去限于文献、考古资料的不足，学界对该窑的历史沿革及生产状况都不甚了解。1988 年 7 月至 9 月间，桂林市文博部门对其中破坏较甚的两处窑炉基址（含三座瓷窑）进行了抢救性的发掘，初步搞清桂州窑的基本面貌及内涵。它创烧于南朝晚期，盛于隋唐，衰于北宋，是一处与桂林佛教的兴衰密切相关的青瓷窑场。

一、窑址概况

桂州窑因唐和北宋时期桂林称桂州而得名。窑址位于今桂林市南郊柘木镇上窑村，北距市区约 7 千米。这里地势起伏，岗峦重叠，古窑址即分布在村东北方圆 1—2 千米范围内，原有窑基十余座，瓷窑遗弃的废品、半成品、窑具俯拾皆是。因年久荒芜和历代垦殖，大部分窑址遭到不同程度的破坏或深埋于地下，现存窑址五座。经反复调查后，我们选择桂林造纸厂东墙外 47 米处的两处窑基进行发掘（图一）。此处俗称"坛口里"，造纸厂一带称为"窑里头"。古时在坛口里与窑里头之间有一条大水渠，行舟可至村内。在坛口里东约 150 米处有一座架碗桥（原为拱状石板桥，已毁），相传是古代陶瓷器交易场所和集散码头。窑址附近有十余口不规则的水塘，应是当年开采瓷土而留下的废坑。

上窑村昔日包括十三村，人口密集，草木繁盛。窑址附近为清澈如镜的漓江，水路运输极为便利，为桂林古代陶瓷业的生产和发展提供了良好的条件。

二、遗迹

桂州窑址均为斜坡式，平面作长条形，顺坡势而建。

（一）1 号窑

在村东北坛口里东南坡，漓江故道西畔，残存基址 320°，东高西低，横剖面呈"凹"字

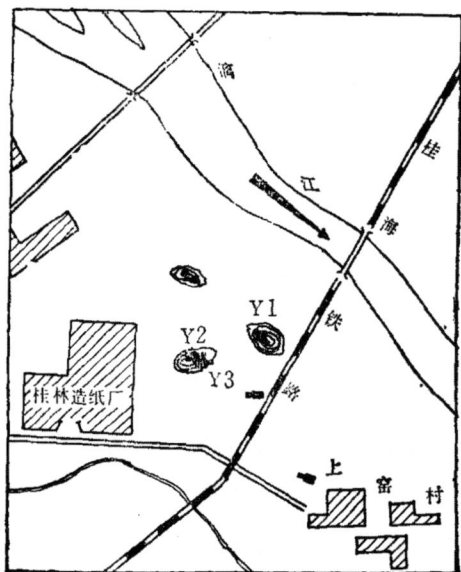

图一　桂州窑窑址分布平面示意图

形，分前后两段。前段长 2.3 米，倾斜 11°，西部窑头已毁；后段陡起，长 19.3 米，倾斜 17°。窑尾仅残存红烧土硬面，烟囱痕迹不明显。清理窑基总长 46 米。

窑顶已塌毁，从残存痕迹和窑室内出土较多的楔形砖分析，窑顶为拱形。窑砖均为向窑内小的一面烧结，向窑室外大的一面呈红烧土状，说明窑顶用土坯砌筑。在楔形砖上面有一层厚 6 厘米、用耐火泥土经夯打而成的灰红色土层，质地坚硬，覆盖于窑顶之上，可能是为防止窑室散热而设置的保温（护）层。

窑床虽遭破坏，但其形制仍可复原，平面近马蹄形（图二），窑床斜平，上铺粗砂，厚约 1.2 厘米，俗称软床。从剖面看，窑床底部在高温下烧烤成厚 10—15 厘米的硬层，呈红褐、黄褐和灰黑三种颜色，硬层中夹有瓷片、垫圈等。窑床上有空匣钵和垫托，或残留昔日放置匣钵和垫托的痕迹。窑炉内出土了一件完整的青瓷圈足砚，以及匣钵内底或垫托粘连有青瓷碗、杯等烧制火候不足的残次品。出土的器物均具初唐风格，说明 1 号窑在废弃前是装烧初唐青瓷器的窑炉。

窑壁用长 22.5 厘米、宽 21.5 厘米、厚 5.5 厘米近方形的灰黑色砖砌成，随窑床坡度而倾斜，残高 38—56 厘米。壁内表面附有厚 0.5—2.1 厘米的耐火黏土，由于久经高温，已呈墨绿、绿和蓝色烧结层（俗称窑汗）。

窑门无存，结构不清。燃烧室在窑门后，前窄后宽，近长方形，底部残留一排垫砖。燃烧室内尚残留柴灰堆积，说明 1 号窑在初唐以前以木柴为燃料。

此窑属半地穴式结构，先依坡地挖成斜地槽，再用砖砌成长条形拱顶和窑炉，窑壁外复加一层黏土维护，窑床前缓后陡。

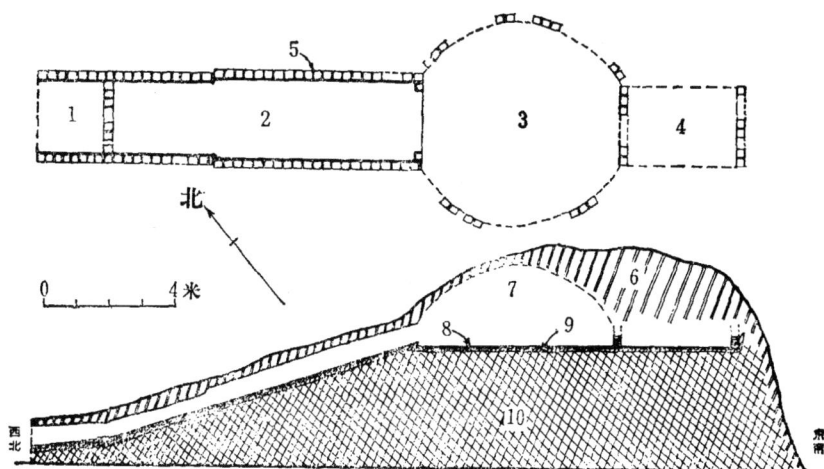

图二　1号窑平、剖面图

1. 燃烧室
2. 火道
3. 窑床
4. 烟囱
5. 窑汗砖壁
6. 表土层
7. 窑壁
8. 沙土层
9. 红烧土层
10. 生土

（二）2号窑

2号窑位于1号窑西北约70米，窑炉建在3号窑废弃的瓷片、窑具堆积层上，方向110°，窑口正对漓江故道。窑室由火膛、火道、分室、烟道、烟囱五部分组成（图三）。火膛大部已毁，形状难辨。火道在窑门之后，长720厘米。它有两个分室，是器物主要烧制场所，第一分室紧靠火道，长330厘米、宽200—220厘米。分室的两侧均用耐火砖顺铺平砌，砖长36厘米、宽18厘米、厚15厘米。砖表面附着一层厚1—2厘米的墨绿色窑汗。两室之间相接处，两壁外侧各加一层砖。窑顶已塌，残存大量楔形砖，推测可能是券顶。窑室堆积以下段为例，大致可分为四层。

第1层：表土，黑灰色，厚15—170厘米，内含少量古今瓷片。

第2层：器物堆积层，厚50—110厘米。出土很多较完整和可复原的器物，可能是因最后一次烧窑时，器物尚未烧成而窑顶倒塌所致。

第3层：粗砂层，用于固定器物，厚12—15厘米。

第4层：经夯打并经过高温而形成的红褐色窑底，厚18—29厘米。

为更清晰地了解窑室底部的叠压情况，我们又将窑底部分分成两半，按层发掘解剖。窑底可分为五层。

A层：窑底最下层，系将3号窑废弃的窑室经夯打结实再铺粗砂粒而成，厚5—7厘米。此层上面为深褐色焦结，下为深红色烧土。

B层：A层之上，红色土，砂烧结层，厚7—15厘米。

C层：B层之上，沙层，厚16—21厘米。

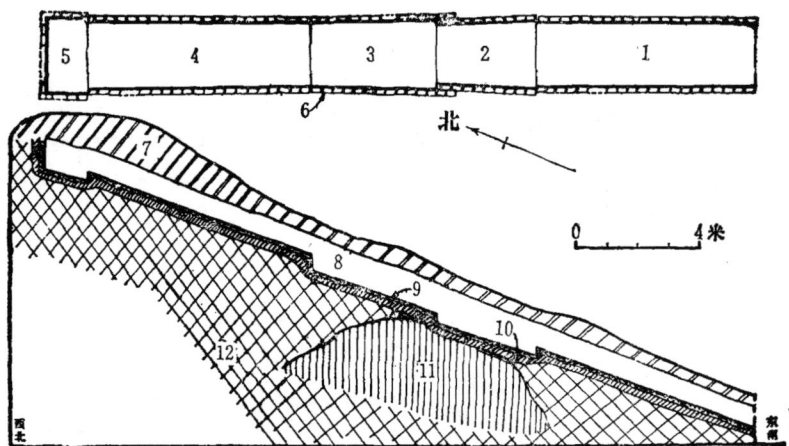

图三 2号窑平、剖面图

1. 火道
2. 一分室
3. 二分室
4. 烟道
5. 烟囱
6. 窑汗砖壁
7. 表土层
8. 窑壁
9. 沙土层
10. 红烧土层
11. Y3堆积层
12. 生土

D层：C层之上，灰褐色烧结层，厚6—13厘米。

E层：窑室底表层，烧结厚10—22厘米。上部呈黑褐色，往下渐变灰色，表明使用时间较长。

窑室前段窑底压着3号窑室，后段窑底以下为生土。烟道在窑室后段，长730厘米、宽200厘米，两壁与底上下垂直。从残存砖壁看，烟囱呈四方形，因上部已毁，结构不明。

根据以上分析，2号窑属早期阶梯窑。

（三）3号窑

方向与2号窑大致相同，因叠压于2号窑下，被破坏严重，原貌不清，室内堆积有大量的白胶泥与沙土的混合层，剖面呈弧形。从现状看，3号窑室平面略呈椭圆形。

三、遗物

桂州窑出土遗物中，有生产工具、窑具和大量的生活用具。此外，还有佛像、弟子像及一批建筑材料。

（一）1号窑出土遗物

1680件。其中较完整的701件，复原572件。遗物主要出自废品堆，器物堆积明显分为两层（图四），主要有日用器皿、造像、建筑构件和窑具四类。瓷器胎稍厚，瓷土经淘洗，质地细腻、坚实，呈灰白色。胎内外施釉较均匀，大多数施釉不及底，釉层很薄，透明性较强，

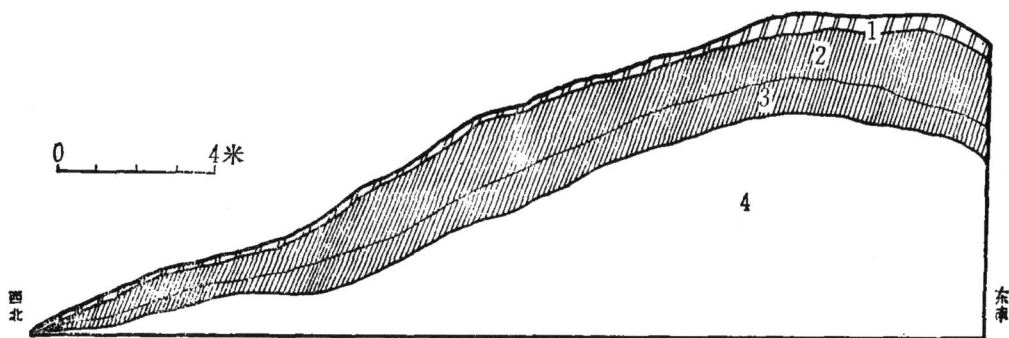

图四　1号窑废品堆积剖面图
1. 表土层　2、3. Y1 文化层　4. 生土

釉面光亮。大多为青釉，部分青中泛黄，还有少量的酱褐色釉，以开细裂纹者居多。

1. 日用器皿

以碗、杯、罐、碟、盘、壶为主，还有钵、鼎、砚等。

碗　171件，分四式。

Ⅰ式：78件。敞口，浅弧腹，假圈足，灰白胎，仅口沿施青釉，均有泪痕状垂釉。通常口径10—12.2厘米、高5.5—6.4厘米。Y1③：94，口径12.6厘米、高5.6厘米（图五，5）。

Ⅱ式：37件。近直口，深弧腹，假圈足式平底或微凹底。内施满釉，外表足部无釉。釉色有青、青绿、青中泛黄几种，开细片。釉薄厚不均，碗心内常凝聚暗绿色玻璃质结晶，个别的露胎，或结合不牢极易脱落。有的口沿下饰弦纹1至2周，外壁压印纹；有的仅在腹下饰弦纹。口径9.5—13.5厘米、高7.8—9.6厘米。Y1③：91，口径13厘米、高9.6厘米（图五，6）。

Ⅲ式：44件。直口或口微敛，浅弧腹，纹饰、釉色与Ⅰ式略同。通常口径11.8—13.2厘米、高6.5—7.6厘米。Y1②：26，口径12厘米、高5.4厘米（图五，8）。

Ⅳ式：12件。形制与Ⅱ式近似，略小，施青、青黄、酱褐、酱黄色釉，均不及底。其中一件内底中央饰圆圈纹，内外饰弦纹2至3周。口径9—12.1厘米、高4.9—5.5厘米。Y1②：57，口径9厘米、高5厘米（图五，9）。

杯　231件，可分四式。

Ⅰ式：178件。直口，深弧腹，假圈足式微凹底，施青、青黄色釉，以后者为主，开细片。口径7.1—9.5厘米、高5.4—6.8厘米。Y1①：16，口径8厘米、高6.4厘米（图五，10）。

Ⅱ式：26件。口微敛，弧腹微鼓，假圈足，青绿釉不及底，开细片。口径9.1—10.2厘米、高6.2—8.5厘米。Y1③：106，口径9.6厘米、高6.2厘米（图五，11）。

Ⅲ式：6件。侈口，外卷唇，假圈足。一种内底饰莲花纹，外表削出2至3周凹弦纹，余为素面。青黄釉不及底，开细片。口径9—10.5厘米、高5.8—6.5厘米。Y1③：96，口径9厘米、高6厘米（图五，12）。

Ⅳ式：21件。敛口，鼓腹，假圈足式微凹底。自口向下胎渐厚，底部最厚，施青黄釉不及底。Y1②：53，口径8厘米、高6.2厘米（图五，13）。

碟 13件，可分二式。

Ⅰ式：7件。敞口，浅腹，大平底。施青绿或青黄釉不及底，开细片。口径14—17厘米、高2.8—3.7厘米。Y1②：56，口径14厘米、高2.8厘米（图五，1）。

Ⅱ式：6件。口微敛，弧腹较深，内底有凹弦纹2至3周。口径13—15厘米、高4—4.7厘米。Y1③：105，口径13厘米、高4厘米（图五，2）。

盘 61件，可分二式。

Ⅰ式：35件。口微敛，浅腹，假圈足式微凹底，外表饰弦纹1至2周。仅口沿施釉1周，釉色青中泛黄者居多，开细片，部分有泪痕状垂釉。口径14.2—16.8厘米、高5.6—7.2厘米。Y1③：99，口径14.2厘米、高5.6厘米（图五，3）。

Ⅱ式：26件。近直口圆唇或敞口尖唇，浅弧腹，假圈足式微凹底。施青黄釉过半，开细片。内腹、底饰弦纹1至2周，有的饰花叶纹1周。口径12.6—16厘米、高3.8—7.3厘米。Y1②：59，口径12.6厘米、高4.2厘米（图五，4）。

高圈足盘 13件，可分四式。

Ⅰ式：4件。敛口，折腹浅盘。多为素面，有的盘内饰花草纹，施青绿釉不及底。口径14.6—15.3厘米、高8.6—9.2厘米。Y1②：62，口径14厘米、高9.2厘米（图五，19）。

Ⅱ式：2件。口微侈，浅盘，大平底，素面，施青釉。Y1③：193，口径12厘米、高9.6厘米（图五，18）。

Ⅲ式：4件。侈口，折腹，盘内饰草叶纹，施青黄釉不及底。Y1③：197，口径15.6厘米、高7.5厘米（图五，20）。

Ⅳ式：3件。侈口，斜弧腹，盘饰弦纹4周，青绿釉不及底。Y1③：201，口径17厘米、高9厘米（图五，21）。

高圈足杯

17件。口微侈，深弧腹，圈足与底连接处有竹节纹，口至腹部饰弦纹，近底处有莲瓣纹1周。青绿釉，开细片，灰白胎。口径6.5—7.2厘米、高7.1—7.9厘米。Y1②：54，口径7厘米、高7.9厘米（图五，17）。

器盖 282件，可分三式。

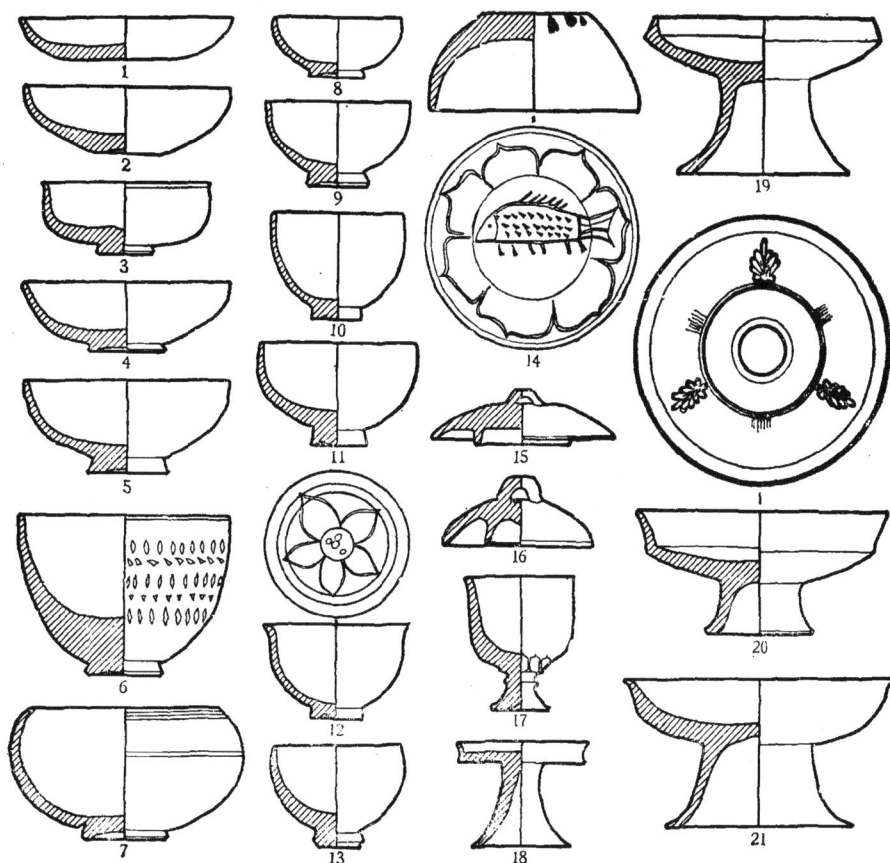

图五　1号窑出土器物

1、2. Ⅰ、Ⅱ式碟（Y1②：56、③：105）　　　　3、4. Ⅰ、Ⅱ式盘（Y1③：99、②：59）
5、6. Ⅰ、Ⅱ式碗（Y1③：94、91）　　　　　　7. 洗（Y1③：109）
8、9. Ⅲ、Ⅳ式碗（Y1②：26、57）　　　　　　10—13. Ⅰ—Ⅳ式杯（Y1①：16、③：106、96、②：53）
14—16. Ⅰ—Ⅲ式器盖（Y1①：12、②：21、51）　　17. 高圈足杯（Y1②：54）
18、19. Ⅱ、Ⅰ式高圈足盘（Y1③：193、②：62）　　20、21. Ⅲ、Ⅳ式高圈足盘（Y1③：197、201）
（7、8、18为1/6，余为1/4）

　　Ⅰ式：273件。平顶，无纽，覆碗式，顶有轮制痕及手指印痕。青黄釉，开细片。有的内表饰莲瓣纹7片，中央刻划鱼纹。口径8.5—13.5厘米、高4.1—5.6厘米。Y1①：12，口径13厘米、高5.6厘米（图五，14）。

　　Ⅱ式：4件。盖微隆，桥形纽，子母口，素面，通体施青釉，开细片。Y1②：21，口径11.2厘米、高3.8厘米（图五，15）。

　　Ⅲ式：5件。盖隆鼓，弧形纽，子母口，青绿釉，开细片。Y1②：51，口径9.3厘米、高4.2厘米（图五，16）。

　　洗　4件。敛口，圆弧腹，饼状微凹底，酱褐色釉，口及腹部饰弦纹。口径11—20厘米、高 9—13 厘米。Y1③：109，口径 16.8 厘米、高 12 厘米（图五，7）。

直口壶 5 件，可分二式。

Ⅰ 式：2 件。均残，高颈，颈间有平檐，肩部有桥形横纽，施青釉、青黄釉。Y1③：208，口径 12.5 厘米、残高 12 厘米（图六，12）。

Ⅱ 式：3 件。口、檐较直，肩有环形双纽，施青釉，开细片。Y1②：36，口径 8.3 厘米、残高 8 厘米（图六，13）。

檐口坛 141 件。均残存上半部，分三式。

Ⅰ 式：97 件。直口，外有弧檐上翘，铁灰色瓦缸胎，酱色半釉，肩部有 4 个桥形纽。口径 9.8—11.7 厘米、檐径 18—19.1 厘米。Y1③：100，口径 10.8 厘米、檐径 18 厘米、残高 12.9 厘米（图六，14）。

Ⅱ 式：20 件。与 Ⅰ 式相似，口略高于檐，鼓腹，肩有 4 个桥形纽，胎猪肝色，外施青黄釉。口径 8.9—9.5 厘米、檐径 17.8—18.9 厘米。Y1③：92，口径 9 厘米、檐径 18 厘米、残高 16.5 厘米（图六，15）。

Ⅲ 式：24 件。与 Ⅱ 式略同，灰白胎，施青釉，开细片。通常口径 8.7—9.2 厘米、檐径 14.1—16 厘米。Y1②：30，口径 9 厘米、檐径 16.2 厘米、残高 15 厘米（图六，16）。

盘口壶 39 件。均残，分三式。

Ⅰ 式：8 件。长颈，鼓腹，肩部有 6 个半环形纽，腹以下施不规则褐色点斑，露灰白胎。口径 3.5—14.2 厘米。Y1③：86，口径 13.5 厘米、残高 24 厘米（图六，18）。

Ⅱ 式：25 件。大盘口，粗颈，肩部有双纽和双复桥形纽，饰弦纹 1 至 4 周，青黄釉，开细片，口径 14.5—16.5 厘米。Y1③：85，口径 14.5 厘米、残高 12 厘米（图六，19）。

Ⅲ 式：6 件。浅盘口，颈较短，有突棱，鼓腹，肩部有 2 个或 4 个半环纽，有的颈饰竹节纹 2 至 4 周，胎质细腻且厚重。青釉和青黄釉，开细片，釉晶莹透彻。口径 10.2—14.5 厘米。Y1②：46，口径 12 厘米、残高 15 厘米（图六，20）。

鼎式炉 4 件。敞口，浅鼓腹，圜底，马蹄或兽蹄形三足，稍外撇。灰白胎，通体施青釉或酱褐色釉。仿铜鼎，作明器或为陈设之用。口径 9.3—10.5 厘米、高 7.2—9.3 厘米。Y1③：108，口径 10.5 厘米、高 7.4 厘米（图六，22）。

砚 16 件。圆形，完整的仅 1 件。可分三式。

Ⅰ 式：8 件。砚面略凹，边有水槽，砚盘单薄，五至六个蹄足，略显瘦高。施酱色釉，制作较粗糙。Y1③：200，面径 15.6 厘米、高 6.9 厘米（图六，1）。

Ⅱ 式：5 件。砚面较 Ⅰ 式稍凸，水槽较深，联珠状足稍外撇，上部三分之一与砚盘相连，酱褐色釉。Y1③：201，面径 19.8 厘米、高 6.6 厘米（图六，2）。

Ⅲ 式：3 件。面微凹，圈足，周围有 5 至 7 个不规则小镂孔，孔之间刻划 3 至 7 道斜线纹。除砚面外，均施青釉或青黄釉。前者釉色均匀光亮，开细片；后者薄厚不匀，有釉泪痕。

胎灰白色，质地坚硬，火候较高。Y1 ① : 20，面径 11.2 厘米、高 5.1 厘米（图六，3）。

2. 造像

只有武士像 4 件。仅存头部，陶质，灰胎。戴胄，斜眉，鼓眼，翘嘴，呈怒目状。3 件施青釉，已剥落。Y1 ② : 72，残高 8 厘米（图六，25）。

3. 建筑构件

有板瓦、筒瓦和瓦当。

板瓦　灰胎，两面施釉，凸面施青黄全釉，凹面布纹，砌筑后外露部分施釉。长 24 厘米、宽 15—18 厘米、厚 1.3 厘米。

筒瓦　半圆长筒形，一端有子口，光面，布纹里，陶胎。长 22 厘米、宽 9 厘米、厚 1.2 厘米。

瓦当　圆形，陶胎。正面饰莲花纹，中心凸起莲子纹，外绕 1 周联珠纹。

4. 生产工具

有碾槽、碾轮、纺轮和网坠等。

碾槽　2 件。长条形，断面呈"V"字形，有底座，胎铁灰色。两端微翘，中间凹槽可置碾轮。Y1 ③ : 202，长 16 厘米、宽 6.1 厘米、高 5.4 厘米（图六，26）。

碾轮　7 件。扁圆形，中间厚，有一圆孔，胎黑灰色。Y1 ③ : 203，直径 11.9 厘米（图六，26）。

纺轮　4 件。圆形，中有圆孔，面中部与周边有凸棱。一件施青釉，另一件饰锥刺纹，其余为素面灰褐色胎。Y1 ② : 79，算珠形，直径 3.3 厘米、厚 2.8 厘米（图六，17）。

网坠　43 件，可分五式。

Ⅰ式：11 件。椭圆体，有系绳沟，素面，陶质，呈浅灰或红褐色。Y1 ② : 69，长 5.5 厘米、宽 4.5 厘米。

Ⅱ式：23 件。扁圆体，两面均有弧形系绳沟，灰白或红褐色胎，制作较规正。Y1 ② : 65，长 3.6 厘米、宽 3.8 厘米（图六，21）。

Ⅲ式：4 件。长圆筒形，中间稍粗，中有对穿圆孔，素面，灰胎。Y1 ② : 76，长 5.5 厘米、最大直径 2.6 厘米。

Ⅳ式：2 件。长方体，两端均刻有沟槽。长 4.2—5.5 厘米、宽 1.1—2.1 厘米。

Ⅴ式：3 件。长圆条形，两端均刻有沟槽。长 2.9—4.2 厘米、直径 1.1 厘米。

5. 装烧用具

大多为夹砂瓷土所制，胎呈铁红或灰褐色。有垫圈、支钉、支具、器托、垫饼、匣钵、垫托等。

垫圈　62 件。泥条捏制，夹砂陶，少量为瓷土制成。扁平圆环形，一面平，另一面中部下凹，表面有器物圈足压痕。外径 5—9 厘米、内径 2.6—3.5 厘米、厚 1.3—3.5 厘米。

三足支钉　26件。平面呈不规则三角形，下附三乳钉足，边长3.9—5.8厘米、高1.3—2.2厘米。Y1③：205，边长3.5—4厘米、高1.7厘米（图六，24）。

柱状三叉支具　5件。手制，中间为实心柱状，两端均呈三叉形，高11.2—19.8厘米。

器托　4件。呈上细下粗筒形，大小不一，陶质。据瓷厂老技工鉴定，这种托是承放大器物的专用窑具之一。Y1③：204，上口径2.5厘米、下口径4.8厘米、高5厘米（图六，23）。

垫饼　4件。不规则扁圆形，上面隆起，底面平，有明显器物圈足的压痕，陶质。大者直径11.2厘米、厚6.5厘米；最小的直径4.2厘米、厚1.2厘米。

锯齿形支圈　322件，可分三式。

Ⅰ式：294件。有4至9个齿形足，瓷质，制作规正。直径6.2—7.1厘米、高1.6—3.5厘米。Y1①：5，直径6.2厘米、高1.6厘米（图六，4）。

Ⅱ式：17件。顶有凸棱1周，5至8个齿形足，瓷质，制作较粗糙。直径8.5—11厘米、高0.9—4厘米。Y1①：9，直径11厘米、高4厘米（图六，5）。

Ⅲ式：11件。顶稍下凹，中镂小圆孔，7至16个齿形足，足内收，瓷质，制作粗糙。直径8.6—13.2厘米、高3.1—4.7厘米。

匣钵　50件。均为耐火泥制作，胎铁灰色。可分二式。

Ⅰ式：43件。圆筒形，口边有半圆孔3个，下腹有对称小圆孔2个。口径16—22.5厘米、高13.5—23厘米。Y1①：21，口径18厘米、高14.4厘米（图六，6）。这种匣钵多套装盖、碗，有的匣钵内还装有叠烧的青瓷器。

Ⅱ式：7件。浅直腹，承装器物面近平面，口边有半圆孔2至3个，制作精细。口径17.7—19厘米、高5.5—8.7厘米。Y1②：38，口径19厘米、高6厘米（图六，7）。

匣钵盖　58件，可分二式。

Ⅰ式：45件。覆盆形，上面微凹，上部有指窝痕，胎铁灰色。Y1②：45，下口径20.5厘米、高5.2厘米（图六，11）。

Ⅱ式：13件。圆饼形，表深褐色，有窑渣粘结，部分沾青釉，夹砂瓷土制成。Y1③：82，直径18—21厘米、高3.3厘米（图六，10）。

垫托　66件，可分二式。

Ⅰ式：3件。上部覆盆形，似Ⅰ式匣钵盖，中心有孔，下面为直腹钵形。最大直径34—37厘米、高12—17厘米。Y1③：207，最大直径34.8厘米、高12厘米（图六，9）。

Ⅱ式：63件。下部圆饼状，上部为空心圆柱。最大直径21.7—23.9厘米、高11.2—14.6厘米。Y1①：1，最大直径23厘米、高12厘米（图六，8）。

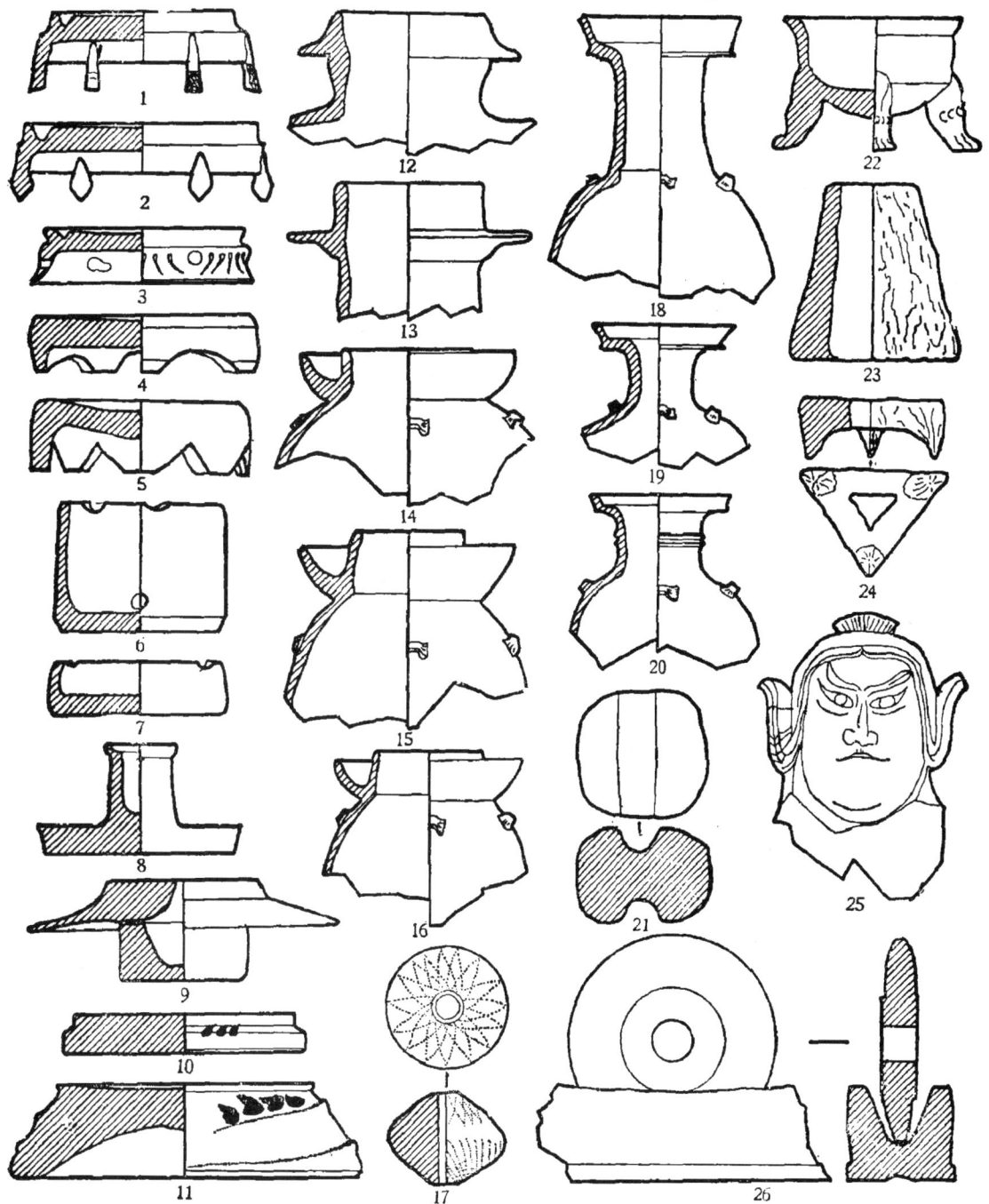

图六　1号窑出土器物

1—3. Ⅰ—Ⅲ式砚（Y1③：200、201、①：20）　　　4、5. Ⅰ、Ⅱ式锯齿形支垫（Y1①：5、9）

6、7. Ⅰ、Ⅱ式匣钵（Y1①：21、②：38）　　　8、9. Ⅱ、Ⅰ式垫托（Y1①：1、③：207）

10、11. Ⅱ、Ⅰ式匣钵盖（Y1③：82、②：45）　　12、13. Ⅰ、Ⅱ式直口壶（Y1③：208、②：36）

14—16. Ⅰ—Ⅲ式檐口坛（Y1③：100、92、②：30）　17. 纺轮（Y1②：79）

18—20. Ⅰ—Ⅲ式盘口壶（Y1③：86、85、②：46）　21. Ⅱ式网坠（Y1②：65）

22. 鼎式炉（Y1③：108）　　　　　　　　　　　23. 器托（Y1③：204）

24. 三足支钉（Y1③：205）　　　　　　　　　　25. 武士像（Y1②：72）

26. 碾轮碾槽（Y1③：203、202）

（1、2、10、12、14—16、18—20 为 1/6，4、17、21、23—25 为 1/2，3、5、11、13、22、26 为 1/4，余为 1/8）

197

（二）2 号窑出土遗物

1467 件。其中较完整者 490 件，复原 246 件。出土于废品堆积和窑室，二者器物形制、胎质无大差别，层次不明显。以日用器皿如碗、罐、坛为主，还有网坠、香炉以及圆垫饼等。

碗 9 件，可分二式。

Ⅰ式：6 件。敞口，折腹，矮圈足，腹下数周弦纹，灰胎，青釉。Y2②：252，口径 12.5 厘米、高 6.2 厘米（图七，7）。

Ⅱ式：3 件。卷沿，斜腹，平底，灰胎，青釉。Y2②：253，口径 10.8 厘米、高 6.6 厘米（图七，10）。

檐口坛 153 件，可分四式。

Ⅰ式：117 件。口微敛，外弧檐，肩有 2 环系，弧腹，平底，有覆碗形盖。陶质，灰胎。Y2②：227，口径 9.2 厘米、高 24 厘米（图七，2）。

Ⅱ式：15 件。口微敛，外檐矮，圆肩有 2 系，鼓腹，平底，有覆碗形盖。Y2②：234，口径 9.3 厘米、高 16.8 厘米（图七，3）。

Ⅲ式：10 件。形制略同Ⅰ式，无系，灰胎，青釉。Y2②：230，口径 8.5 厘米、高 19 厘米（图七，4）。

Ⅳ式：11 件。形制似Ⅱ式，略矮，无系，陶质，灰胎，青黄釉。Y2②：237，口径 8.1 厘米、高 13.3 厘米（图七，5）。

罐 132 件。侈口，翻唇，矮颈，斜肩，深腹，平底或矮圈足，有的肩部刻划记数、纪年铭文。通常口径 6.8—8.3 厘米、高 23—28 厘米。Y2②：223，口径 9 厘米、高 25.2 厘米（图七，9）。

盘口壶 9 件。侈口，粗颈，深弧腹，平底，灰白胎，青绿釉。Y2②：224，口径 13.2 厘米、高 22.7 厘米（图七，6）。

多角坛 26 件。瓶形，矮圈足，有盖。全器分 3 节，每节一周有上翘三角形纽 4 个，上下垂直。口沿下的 4 个角纽间有 4 系，2、3 节间有刻划纹。陶质，灰胎，青绿釉。Y2②：243，口径 8.8 厘米、高 23 厘米（图七，8）。

盘口瓶 38 件。细颈，深鼓腹。分二式。

Ⅰ式：26 件。假圈足式平底或极矮圈足，颈肩部饰波浪式堆纹 1 周，有的饰弦纹或刻划纹。灰胎，青黄釉。Y2②：247，口径 11.2 厘米、高 28.3 厘米（图七，11）。

Ⅱ式：12 件。下腹呈垂幔状，圈足，肩腹部装饰较繁，多饰锯齿纹或刻划纹，陶质，灰胎。Y2②：245，口径 11.2 厘米、高 27.5 厘米（图七，12）。

高圈足杯 16 件。弧腹，喇叭形圈足。可分三式。

Ⅰ式：4 件。上部残，高圈足，有竹节纹，陶质，酱褐釉。Y2②：249，残高 8.5 厘米（图八，7）。

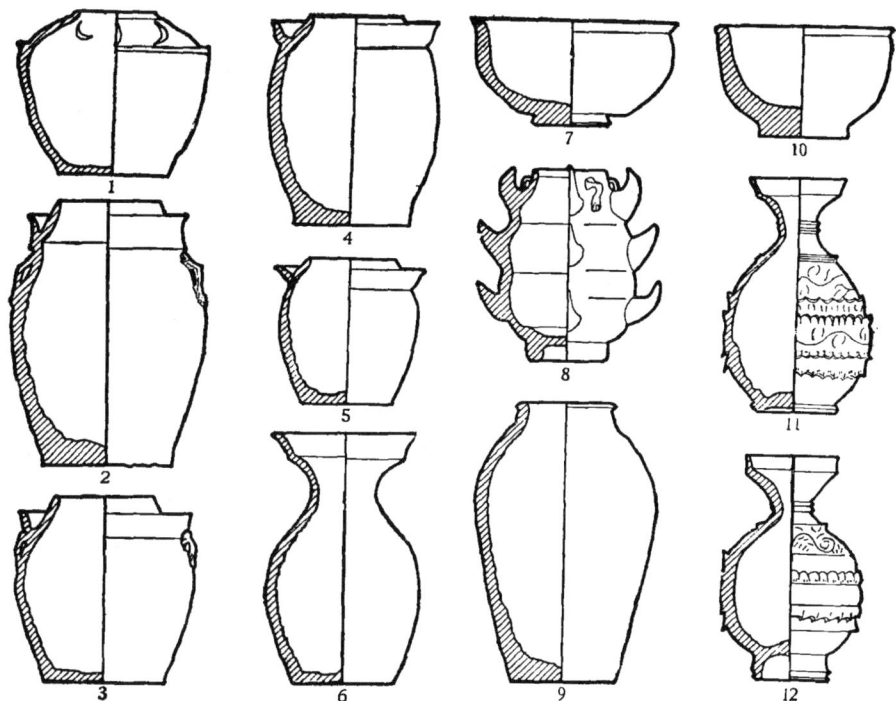

图七 2号窑出土器物

1. 熏炉（Y2②：239） 　　2—5. Ⅰ—Ⅳ式檐口坛（Y2②：227、234、230、237）

6. 盘口壶（Y2②：224） 　　7、10. Ⅰ、Ⅱ式碗（Y2②：252、253）

8. 多角坛（Y2②：243） 　　9. 罐（Y2②：223）

11、12. Ⅰ、Ⅱ式盘口瓶（Y2②：247、245）

（7、10为1/4，8、11、12为1/8，余为1/6）

Ⅱ式：7件。侈口，折沿，腹较直，饰弦纹2周，内底下凹，圈足近实心。灰胎，青黄釉。Y2②：250，口径10.5厘米、高8.7厘米（图八，9）。

Ⅲ式：5件。敞口，折沿，内底下凹，圈足较矮近实心。灰白胎，青黄釉。Y2②：251，口径9.6厘米、高7.5厘米（图八，10）。

壶 21件。均残，小口，唇外侈，筒形颈，斜肩或溜肩，深弧腹。可分矮颈短流双系执壶、喇叭形流执壶和直颈曲流壶3种。柄部压印多种纹饰。灰胎，青釉。口径8.7—10.2厘米、腹径12.8—14.5厘米。

熏炉 9件。小口，斜肩，斜腹，平底，肩有镂孔，失盖。灰白胎，青黄釉。Y2②：239，口径6.9厘米、腹径17.8厘米（图七，1）。

熏炉盖 22件，可分二式。

Ⅰ式：17件。重檐宝珠形，小圆纽，饰镂孔和波浪形堆纹，灰胎，青黄釉。Y2②：240，口径9.8厘米、高5.4厘米（图八，6）。

Ⅱ式：5件。口残，圆弧顶，饰镂孔、鸭或宝瓶。灰胎，青黄釉。

器盖 229件，可分四式。

Ⅰ式：214件。覆碗形，平顶不规则，有手捏痕。陶质，灰白胎。口径8—14厘米、高3—6.4厘米。Y2①：214，口径8厘米、高3厘米（图八，1）。

Ⅱ式：覆盘形，平顶，灰白胎，青釉。口径7—9.5厘米、高1.8—3.5厘米。Y2②：259，口径7.2厘米、高1.8厘米（图八，4）。

Ⅲ式：6件。覆碗形，矮平纽，子口，饰波浪形堆纹1周。陶质，灰胎。Y2②：256，口径11厘米、高4.8厘米（图八，5）。

Ⅳ式：4件。盘形，中心有圆柱形高纽，灰白胎。Y2②：258，口径9厘米、高3厘米（图八，2）。

网坠 8件。圆筒形，陶质。可分二式。

Ⅰ式：5件。一侧有压槽1道，灰白胎。Y2②：255，长7.1厘米、直径2.7厘米（图八，8）。

Ⅱ式：3件。中间稍粗，灰胎。Y2②：254，长4.8厘米、最大径2.2厘米（图八，12）。

羊角器 32件。弯曲似羊角形，中间粗，灰白胎，用途不详。Y2①：219，长28.5厘米。

擂钵 27件。平底碗形，圆唇，斜弧腹，内表及底刻划沟槽。陶质，灰白胎。口径14.5—15.2厘米、高7.6—8.8厘米。Y2②：220，口径14.5厘米、高8.4厘米（图八，11）。

圆垫饼 35件。扁圆形，中间厚有圆孔，灰白胎，青黄釉。Y2①：210，直径11.4厘米（图八，3）。

（三）3号窑出土遗物

1624件。其中较完整的717件，复原101件。从叠压于2号窑下的废品堆积看，可分两层，时间上有早晚关系，遗物也各有特点。有民间日用器皿、供寺院用造像和建筑构件等。

1.日用器皿

178件。有碗、坛、盘、盂、壶、罐、钵、唾壶、盒、炉、灯、器盖和盆等。

碗 59件，可分四式。

Ⅰ式：32件。敞口，斜弧腹，假圈足式平底。釉色青中泛黄，不及底，釉面光润，部分内底有支钉痕。胎质细腻，灰白色。有一件底残存行草体"神"字。口径13.2—16.5厘米、高4.4—6.9厘米。Y3⑤：295，口径15.6厘米、高6.6厘米（图九，5）。

Ⅱ式：20件。敞口，圆唇，斜弧腹，矮圈足。釉色青中泛黄，有垂泪痕。胎灰白，露胎部分呈紫红色。Y3⑤：294，口径21.3厘米、高7.9厘米（图九，4）。

Ⅲ式：4件。口微敛，弧腹，假圈足式平底。胎质细腻，灰褐色，仅口部施釉。Y3④：275，口径13.6厘米、高6.2厘米（图九，6）。

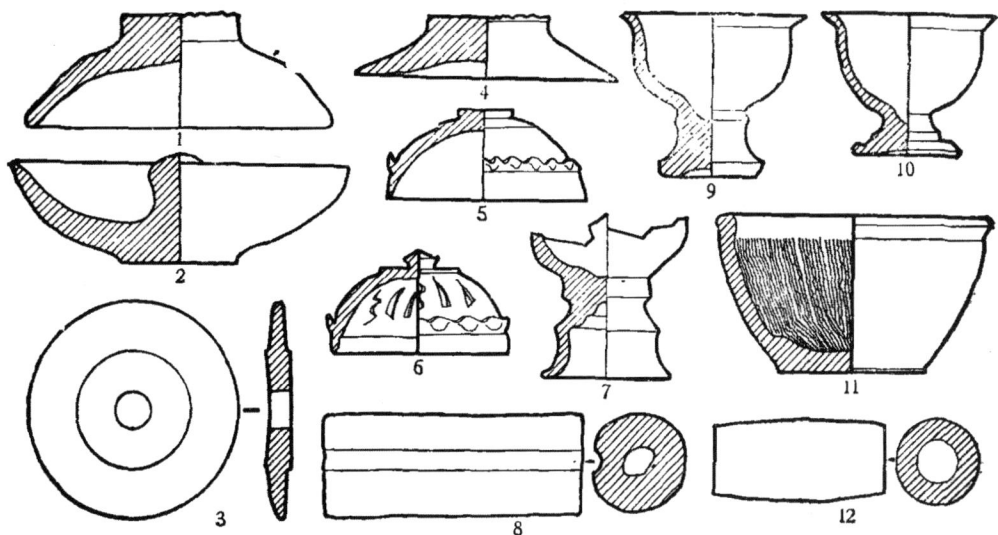

图八 2号窑出土器物

1、2. Ⅰ、Ⅳ式器盖（Y2①：214、②：258）　　　3. 圆垫饼（Y2①：210）

4、5. Ⅱ、Ⅲ式器盖（Y2②：259、256）　　　　6. Ⅰ式熏炉盖（Y2②：240）

7、9、10. Ⅰ—Ⅲ式高足杯（Y2②：249、250、251）　8、12. Ⅰ、Ⅱ式网坠（Y2②：255、254）

11. 擂钵（Y2②：220）

（1、2、4、8、12为1/2，余为1/4）

Ⅳ式：3件。口微敛，斜弧腹，假圈足式平底，口沿下饰凹弦纹1周。青黄釉不及底，大部分脱落，露灰白胎。Y3④：276，口径9.5厘米、高4.2厘米（图九，15）。

檐口坛 9件。小口，弧檐上翘低于口，鼓腹，大平底，灰白胎。Y3④：287，口径8.6厘米、檐径13.8厘米、高15.6厘米（图九，18）。

盘 8件。灰白胎，分三式。

Ⅰ式：2件。敞口，侈唇，折腹，假圈足式平底。口施青黄釉，以下有凸弦纹1周。Y3④：271，口径14厘米、高3.5厘米（图九，2）。

Ⅱ式：4件。侈口，折腹较深，假圈足式平底。Y3④：270，口径15厘米、高5.6厘米（图九，1）。

Ⅲ式：2件。敞口，侈唇，斜弧腹，矮圈足，施青釉。Y3④：298，口径14.5厘米、高4.4厘米（图九，3）。

盂 1件（Y3④：309）。小口，扁圆腹，假圈式平底，素面，胎灰白泛红。口径5.6厘米、高4.8厘米（图九，14）。

盘口壶 1件（Y3①：296）。侈口，粗颈，溜肩，大平底，胎灰白，素面。口径14.4厘

201

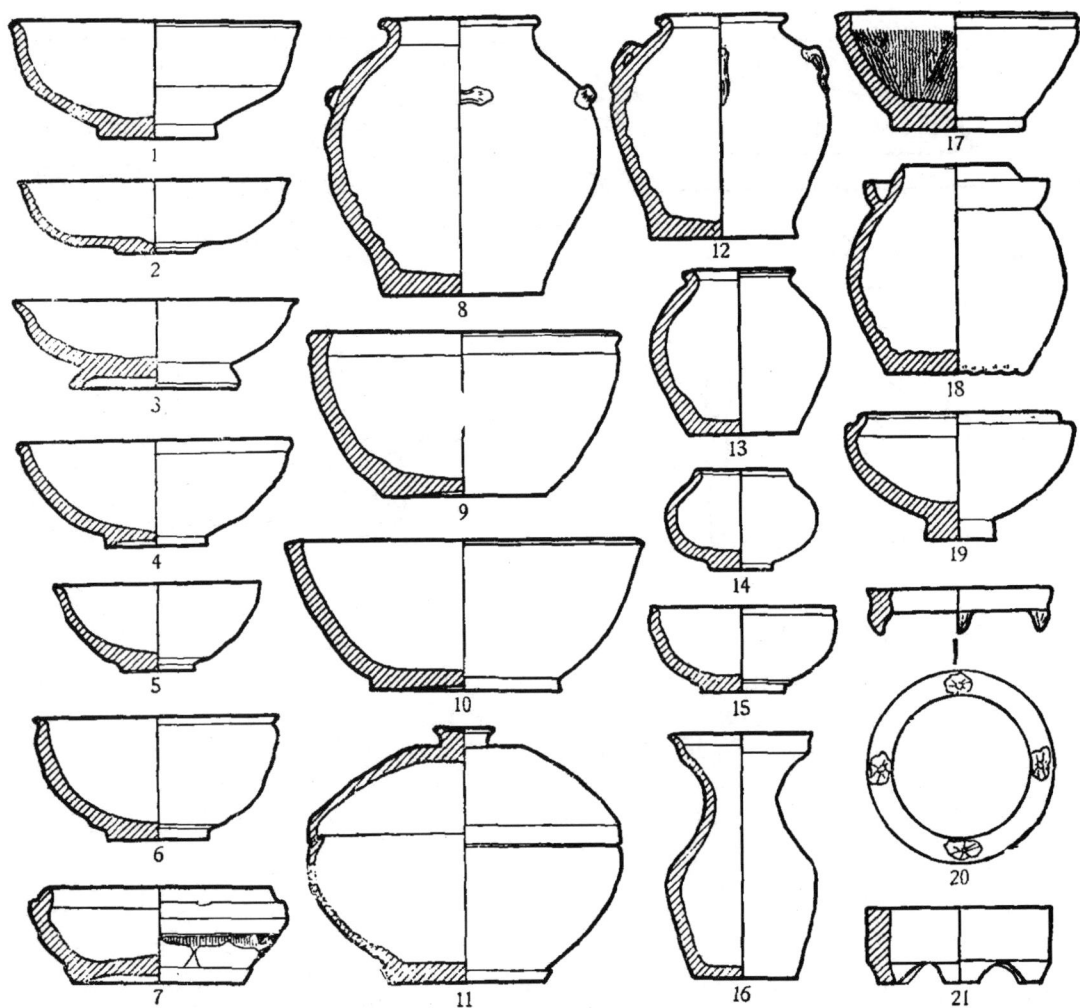

图九　3 号窑出土器物

1—3. Ⅱ、Ⅰ、Ⅲ式盘（Y3④：270、271、298）　　　4—6. Ⅱ、Ⅰ、Ⅲ式碗（Y3⑤：294、295、④：275）

7、11. Ⅰ、Ⅱ式盒（Y3⑤：325、④：299）　　　8、12、13. Ⅰ—Ⅲ式罐（Y3⑤：322、④：277、278）

9、10. Ⅰ、Ⅲ式钵（Y3①：265、④：310）　　　14. 盂（Y3④：309）15. Ⅳ式碗（Y3④：276）

16. 盘口壶（Y3①：296）　　17. Ⅰ式擂钵（Y3④：288）　　18. 檐口坛（Y3④：287）

19. Ⅱ式钵（Y3④：306）　　20. 支钉垫环（Y3④：279）　　21. 齿形垫具（Y3④：284）

（1—3、6、9、14、15、19—21 为 1/4，16 为 1/8，余为 1/6）

米、高 24.5 厘米（图九，16）。形制与 2 号窑Ⅲ式盘口壶相似。

　　罐　18 件。小口，矮领，鼓腹，大平底，灰白色厚胎。可分三式。

　　Ⅰ式：8 件。圆唇外卷，斜肩，最大腹径偏上，肩有 4 横系，施青黄釉过半。Y3⑤：

322，口径 12.3 厘米、高 21.2 厘米（图九，8）。

202

Ⅱ式：7件。形制与Ⅰ式相似，肩有4竖系，无釉。Y3④：277，口径10厘米、高17厘米（图九，12）。

Ⅲ式：3件。外折唇，最大腹径居中，素面。Y3④：278，口径8.1厘米、高12.5厘米（图九，13）。

钵 15件。斜弧腹，分四式。

Ⅰ式：3件。口微敛，沿下1周凹槽，灰白胎。口径15.5—18.7厘米、高8.2—9.8厘米。Y3①：265，微凹底，口径16厘米、高8.2厘米（图九，9）。

Ⅱ式：1件（Y3④：306）。子口内敛，假圈足式平底，失盖，灰白胎。口径10.5厘米、高6.3厘米（图九，19）。

Ⅲ式：10件。器形较大，侈口或敛口，厚沿卷唇，平底或矮圈足。灰白胎，施青釉和青黄釉。Y3④：310，口径27.9厘米、高11.4厘米（图九，10）。

Ⅳ式：1件（Y3⑤：331）。仅存肩部，施酱褐色釉，釉面光亮，有刻划行书铭文。

唾壶 1件（Y3⑤：332）。喇叭口，束颈，扁鼓腹，矮圈足，灰胎无釉。口径6.1厘米、高10.2厘米（图十，8）。

盒 8件，可分二式。

Ⅰ式：2件。圆莲瓣盒，子口，口边有凹弦纹1周，浅斜腹，饰莲瓣纹1周，弦纹与莲瓣纹间刻划锯齿纹1周，凹底，失盖。灰白胎，内外施青黄釉。Y3⑤：325，口径17.4厘米、高7厘米（图九，7）。

Ⅱ式：6件。子母口，有盖，饼状纽。盒敛口，斜腹，假圈足式平底，灰胎，素面。通体施青釉，泛黄，部分脱落。Y3④：299，口径22.3厘米、高19.2厘米（图九，11）。

炉 32件，可分三式。

Ⅰ式：2件。角足炉，口底皆残，失盖。似侈口，圆腹，角状四足，尖向下，角尖均穿一小孔。灰白胎，施青黄釉，大部脱落。Y3⑤：317，残高16.5厘米、腹径26.2厘米。一种意见认为应是坛，角朝上，为大型多角坛。

Ⅱ式：29件。狻猊炉，底残，失盖。直口，圆腹，浮雕四狻猊，其间以祥云相隔，猊周七至九个小圆镂孔。狻猊眼突腮鼓，尾微上翘，形象生动，制作精致，是我国目前窑址中仅见之物。作焚香用，灰白胎，青黄釉。Y3⑤：320，口径29.6厘米、残高31.5厘米（图十，4、5）。

Ⅲ式：1件（Y3⑤：328）。鼓钉香炉，已残。口部饰鼓钉纹1周，腹饰忍冬纹，有大小不一的镂孔。灰胎，青黄釉，大部脱落。

灯 3件。侈口，斜弧腹，矮圈足。器内有竖圆管5至7根，管底部均有两圆孔。腹饰莲瓣纹，灰白胎，青黄釉。Y3④：302，口径21厘米、高8.6厘米（图十，2）。

器盖 13件，可分四式。

Ⅰ式：3件。盖面隆起，平顶，半环形捉手，有的顶部有 2 至 4 个圆镂孔。灰白胎，青黄釉，稍有剥落，可能是大型香炉盖。

Ⅱ式：5件。覆钵形，饼状纽，顶面有 4 镂孔，子口，表施青黄釉。Y3④：286，口径29.2 厘米、高 10.3 厘米（图十，6）。

Ⅲ式：4件。弧顶，圆纽，顶饰莲瓣纹，子母口，斜沿或直沿。青黄釉，均匀滋润，灰白胎。Y3④：291，口径 12.6 厘米、高 6.8 厘米（图十，3）。

Ⅳ式：1件（Y3⑤：324）。形制似Ⅲ式，顶塑一蹲坐状狻猊，口张呈方形，空腹，内外施青黄釉。口径 11.2 厘米、高 11.7 厘米。

盆　5件。折沿或直沿，大平底或微凹底，灰白胎。Y3⑤：321，口径 37.2 厘米、高 8.2厘米 (图十，1)。

2. 造像

有佛像、弟子像和莲座等。

佛像　18件。较完整者有 3 件，余为残件。均为圆雕坐像，陶胎，内空，布纹里。面相长圆，除一件外，均额印白毫相，着尖领袈裟，腹部衣褶若叠浪形，袖手，结跏趺坐，高莲台座。Y3⑤：330，高 29 厘米、肩宽 11.8 厘米、座高 4.1 厘米。

弟子（罗汉）像　48件。已复原 4 件，余为残件。均为圆雕坐像，光头，着袈裟。陶胎，中空。Y3⑤：329、327，高 34.1 厘米、宽 15.2 厘米。

莲座　复原 1 件（Y3⑤：318）。圆形，上部残，浮雕莲瓣纹，下部有不规则圆镂孔。口径 94 厘米、残高 40 厘米（图十，9）。

3. 建筑构件

有筒瓦、瓦当、板瓦、滴水等。

筒瓦　102件。半圆筒形，一端子口，外表素面，里面高低不平，饰布纹，土红色胎，大多数施青黄釉。部分筒瓦的前半部中央有 1.5 厘米的方孔，有的立一金翅鸟。长 25.2—30.7厘米、直径 10.2—12.5 厘米。

瓦当　49件。圆形，面饰莲花纹，里布纹，青灰或灰白胎，部分施青黄釉。长 26.2—31.7 厘米、直径 8.2—10.5 厘米。

板瓦　81件。弧面，一端大一端小，布纹里，青灰色胎，大部分施青黄釉。长 33.1 厘米，一端宽 18.5 厘米，另一端宽 22.5 厘米。

滴水　22件。板瓦宽端延伸呈波状，面饰麦穗纹，下为波纹，波纹大而疏，部分小而不规则。青灰色胎，青黄釉。长 25.2 厘米、宽 18.3—22.8 厘米。

金翅鸟　94件。较完整者 8 件，余为残件。分二式。

Ⅰ式：91件。鸡头，蛇颈，翼大，短圆尾，背印三角纹，颈下与尾部对穿 1 个圆孔。造型似凤凰，多张目曲喙，伸颈观望状。Y3⑤：310，回首衔翅，舒羽，陶质，灰胎，青黄釉，

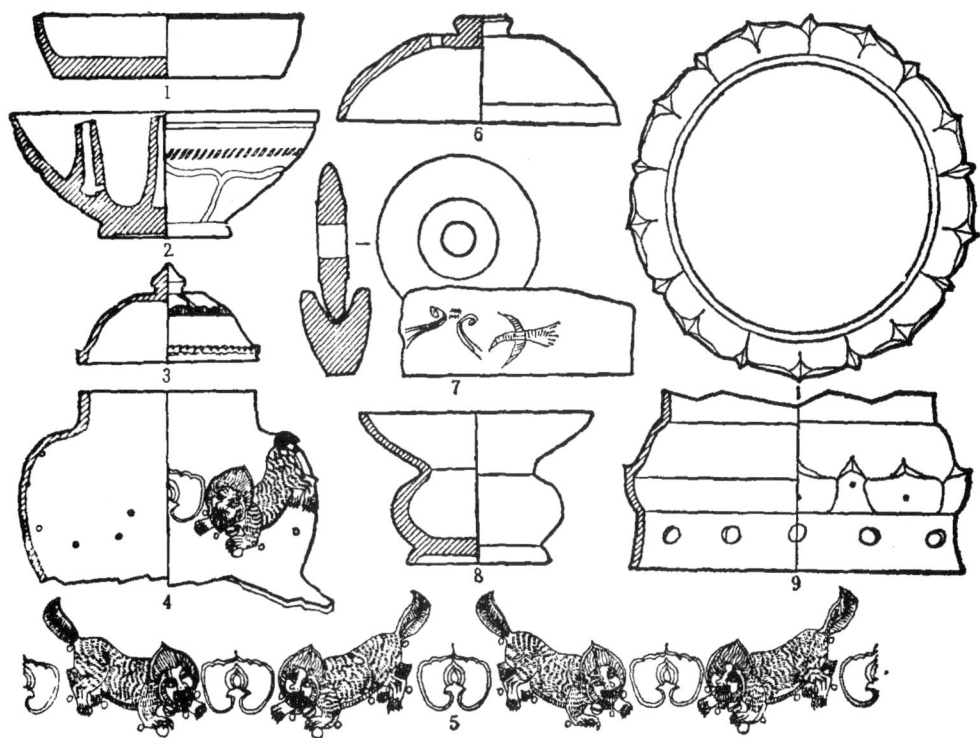

图十　3号窑出土器物

1. 盆（Y3⑤：321）　　　　2. 灯（Y3④：302）　　　　3. Ⅲ式器盖（Y3④：291）
4、5. Ⅱ式炉及纹饰展开图（Y3⑤：320）　　　　6. Ⅱ式器盖（Y3④：286）
7. 碾轮碾槽（Y3④：289）　8. 唾壶（Y3⑤：332）　9. 莲座（Y3⑤：318）
（1 为 1/10，4、5 约 1/12，6 约 1/7，9 为 1/25，余为 1/5）

均立于筒瓦之上。身长 23.6 厘米、宽 11 厘米、高 27.6 厘米。

Ⅱ式：3 件。高冠，突眼，垂耳，蛇颈，长喙尖向下弯曲，展翅状，翘尾呈莲瓣状，双足粗健作伏卧姿，形似凤凰或鹰。中空，灰胎，青黄釉。Y3⑤：314，身长 34 厘米、宽 12.2 厘米、高 36.4 厘米。

武士像　61 件（复原 2 件）。造型、装饰基本相同，大小不一。头戴胄，身披铠，脚穿靴，双手持剑于胸前。高鼻而尖，头、眼、面颊、下颌均突起，立姿，后靠长方形背板。怒目挺胸，形貌凶猛。灰白胎，青黄釉，背板四角穿有 4 个方形孔。脸形、头上装束，颇似日本武士。身高 32—41 厘米、肩宽 16—22 厘米。

4. 生产工具

有擂钵和碾槽。

擂钵　46 件。器内刻划斜或竖的沟槽，密集而较深。分二式。

I式：17件。侈口，方唇，斜腹，假圈足式平底或凹底，胎土红色。Y3④：288，口径18.6厘米、高8.8厘米（图九，17）。

II式：29件。残，器形较大，子口，沿下有扁弧柄，平底。灰白胎，青黄釉不及底。

碾槽 5件。形制与1号窑的相似，四面刻划波浪纹、荸荠（马蹄）纹。有的灰白胎，青釉；有的土红胎，不挂釉，四周刻划云水纹、鸟纹和荸荠纹。Y3④：289，残长16厘米、高6厘米（图十，7）。

5. 装烧用具

有齿形垫具、支钉垫环。

齿形垫具 31件。矮圆筒形，周边有3至8个锯齿，胎为夹砂瓷土，灰黑色，直径7.9—10.8厘米。Y3④：284，直径9.6厘米、高2.8厘米（图九，21）。

支钉垫环 501件。扁环形，胎为夹砂瓷土，灰黑色。上平、下附2至5个乳钉足，有的上下均有4个乳钉足、上下相错置。直径7.2—10.6厘米。Y3④：279，直径10厘米、高2.2厘米（图九，20）。

此外，3号窑还出土有一大批残器，因残损严重，名称待考。

四、烧造技术

（一）装饰工艺

1. 1号窑的器物造型朴实，素面居多，装饰技法主要采用划花、刻花、印花、锥刺和镂空等。习见的如高圈足盘心刻划弦纹1周，碗的外缘和罐、洗的腹中部及高圈足杯腹下部也见刻划弦纹。镂孔仅见于砚的圈足。纹饰以莲花、莲瓣纹居多，见于杯、碗、盖、高圈足杯等。如III式杯内底的莲花纹（图五，12），I式盖内壁莲花和鱼纹（图五，14）。因"莲"与"年"、"鱼"与"余"音似，谐音为"年年有余"之意。

隋末唐初，桂林佛教盛行，莲花纹图案作为佛教艺术的主要题材，自然会被运用于工艺品的装饰。此外，还见有少量的草叶纹、忍冬纹、树叶纹和水波纹等。这些简单朴素、模印或刻划的纹饰，再施一层青绿色薄釉，使器物显得美观大方。这是1号窑装饰工艺的显著特征之一。

2. 3号窑出土器物的装饰与1、2号窑相比，内容丰富，技巧较高，多用刻划、模印、雕塑、镂空和手捏等技法。其内容分图案、植物、人物、动物等几类。纹饰以莲瓣纹较突出，有圆头、尖头、纹线单勾和双勾之分。形态各异的莲花，有的隐现在莹润的釉下，有的突出于器表，少则一层，多达数层，在大莲瓣间夹小莲瓣。有的在肩部饰覆莲纹，有的在器物下部饰仰莲纹，部分饰于佛座之上。其数量由少到多，纹样由简至繁，随着时代的变化而演变。

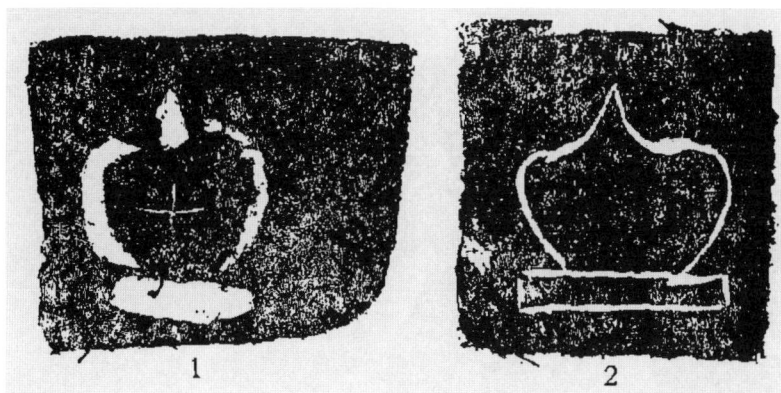

图十一　3号窑出土器物荸荠纹拓本 (1/2)

图十二　2号窑出土壶柄纹饰拓本（1/2）

　　莲花在佛教以及佛教艺术中占有特殊的地位，是常用的象征吉祥的八宝[①]之一，被奉为"佛门圣花"。唐代中叶，桂州在长期安定局面下，经济、文化在初唐以来繁荣的基础上得到进一步的发展，桂州对佛教的信奉也进入鼎盛时期。这一社会现象也必然反映在陶瓷手工业方面。莲花纹作为主题图案的大量出现，与桂州当时佛教的盛行有着密切的关系。

　　在3号窑出土器物的装饰花纹中，值得一提的是异于国内其他窑口的一种纹饰——荸荠纹（图十一）。荸荠原产于印度，属莎草科，为多年生水生草本植物。荸荠为当今桂林四大特

----

① 法轮、法螺、宝伞、宝瓶、金鱼、盘长、莲花、白盖为佛家象征吉祥的八件器物，又称"八宝""八吉祥"。

图十三　桂州窑出土刻划文字拓本（2/5）

（10 为 3 号窑出土，余均为 2 号窑出土）

产之一，市郊普遍种植。3 号窑出土的碾槽周边多饰荸荠纹，并衬以水波纹，说明早在唐代以前，荸荠即随佛教的传入而移植于桂林。这为研究中印两国的经济、文化交流提供了新的实物资料。

至于动物、人物的装饰技法，限于篇幅，将另文讨论。

3. 2 号窑的遗物种类不多，大都是当时的民间日用品。在装饰上，莲花纹已消失，这与北宋时期桂州佛教由盛转衰有直接关系。器物装饰多用雕刻、堆贴、划花、镂空、模印等技法，极其朴素简单。

废品堆第 1、2 层出土的壶，执柄上多压印纹饰（图十二），多为菱形纹。其中两件，在菱形纹中间装饰壶的形象（图十二，3、4），富有地方特点。第 2 层和窑室出土的罐，有的在肩部刻有纪年、数字、人名等铭文（图十三），为判断 2 号窑的年代及其经营方式，提供了可靠的依据。

（二）装烧工艺

1号窑和3号窑都是烧窑后废弃的，因此，对于桂州窑在北宋以前装烧技术的分析，只能根据出土的窑具和其上垫压痕迹以及器物上的烧痕进行推断。1号窑和3号窑出土窑具比较丰富，大体可分为生产工具和装烧工具两种。生产工具有铁刀、碾槽、碾轮、纺轮及印模等，除刀外皆为瓷土制成，大部分有使用痕迹。装烧工具有支钉、垫饼、垫环、垫圈、匣钵和垫托等。桂州窑的装烧方法和制瓷工艺主要有以下几种。

1. 从废品堆积的断面看，1号窑使用的窑具较简单，大量使用三足支钉作为坯件叠装的间隔具。三足向下，托面向上，以承放碗、碟等坯件。一个坯件垫一支钉，逐件叠置烧制，故名支钉垫烧。在遗址中还出土有一种柱状三叉支具，估计是支放在小口深腹器内，使这类器物亦能采用叠烧。

2. 从器物残迹和粘连废品观察，1号窑部分大型壶、罐、坛及小型高圈足杯等使用的是单烧法，不用匣钵装烧，在每件器物下面放一垫饼或垫圈，直接受明火加温焙烧。

3. 从发掘资料看，1号窑上层堆积出土不少完整匣钵，有高、矮两种，均为轮制，还有覆盆形或圆饼状匣钵盖，其中一件盖上残留器底粘连痕迹。匣钵内采用大小搭配套烧，按器盖、碗套装，交替叠放。一般为两件器物，其间垫齿形垫圈。有的匣钵底与碗足粘连而未见匣钵盖，说明底层与中层匣钵往往不用匣钵盖，只上层用盖（图十四），或盖顶置一器物（图

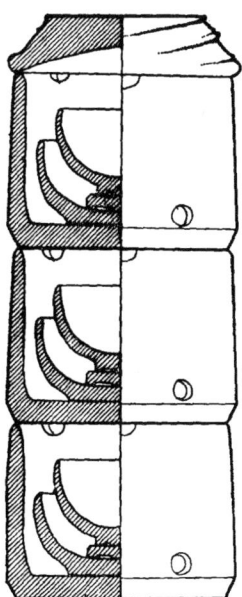

图十四　1号窑烧造示意图之一（约1/5）　　图十五　1号窑烧造示意图之二（约1/6）　　图十六　1号窑烧造示意图之三（约1/5）　　图十七　1号窑烧造示意图之四（约1/3）

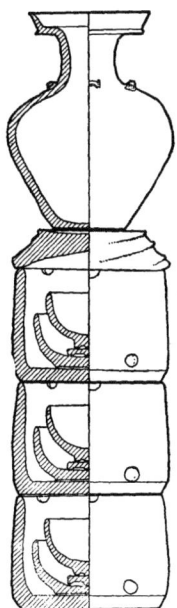

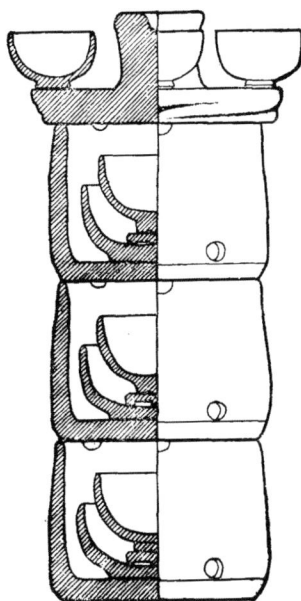

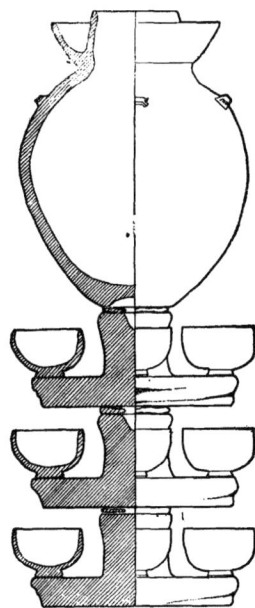

十五），部分以垫托代盖，并在垫托四周放 4 至 8 件器物（图十六），因有的垫托底部残留有匣钵口部的圈痕。这种以垫托代替匣钵盖的装烧法，在全国窑址中少见。

从上述实物资料看，早在初唐以前，桂州窑已经采用匣钵烧制陶瓷器。

4. 在初唐文化层中，1 号窑出土一种专用于装烧深腹小杯的窑具——Ⅱ式垫托，托高矮不等。这种垫托系在扁圆饼形托的中央凸起一圆柱，柱顶有深浅、大小不一的圆窝，柱周的圆饼托可分置 4 至 10 件器物，垫托层层叠放。有的柱顶粘连有器底，说明柱顶上还放一件中型器物（图十七）。这种垫托装烧方法，在国内同期窑址中尚属首见。

5. 在 3 号窑的堆积层中未发现匣钵，但出土相当数量的垫环和形状各异、高矮不一的筒形锯齿形垫具。结合器物上的烧痕判断，3 号窑不用匣钵装烧，而是露坯叠烧或单烧。这与此窑以烧制大、中型佛教用品和建筑构件为主有关。

6. 2 号窑是因窑顶倒塌而废弃的，因此，烧制器物的摆放位置比较清楚。其烧制方法与 3 号窑一样，不用匣钵装烧，而是将器坯的小半截埋于沙粒之中，所以器物外表下部均不施釉。器坯入窑，根据每件器物的大小占相应位置摆放，前后用耐火砖竖排，既可支固器坯又可起烟道作用。套叠的器物之间用一种似碾轮的垫圈相隔，可能是将已磨损的碾轮作窑具用，此法在我国北宋窑址中亦属少见。

7. 桂州窑陶瓷器的制法，根据需要采用轮制、模制、雕塑和捏塑等多种方法。一般器身轮制，附件如系、足等用捏塑和模制，再粘贴而成。佛教用品大多采用雕塑法，极个别人头像、壶柄采用捏塑法。轮制的器形规正、厚薄均匀，雕塑的造型多样、胎质细腻，手制的粗糙而不规正。

8. 桂州窑早期器物施釉较薄，胎表的气孔因吸入釉而呈薄厚不均的斑珠状，釉面不够光洁。自隋唐以后，部分器物采用二次施釉法，以增加釉的厚度，使釉面光洁晶莹。此外，桂州窑的碗、碟、盘、杯等小型器多为蘸釉，器底不施釉，避免叠烧时粘连。壶、罐、瓶等为器内荡釉，器外蘸釉。较大型的器物，尤其是佛教用品则多用浇釉法。

五、年代判断

桂州窑文献未见记载，因此，只能依据器物特征进行类比，探讨其烧造年代。

（一）1 号窑的年代

1 号窑是广西目前发掘的唯一的一处青瓷窑址，烧造的主要是日常生活用器。从废品堆积层的断面看，文化层分为第 2、3 两层（图四）。第 3 层出土的Ⅰ式碗、檐口坛（俗称泡菜坛）、盘口壶、砚、洗和Ⅱ式高圈足盘等，均施酱褐色釉，器物拙朴的造型、浑厚的釉汁、简练的纹饰以及灰白胎等，均具南朝特征。第 2 层出土的碗、杯、盘、壶和建筑构件，大部分为各地隋唐墓葬、窑址、遗址常见器物，但多具唐瓷风格。

南朝堆积层出土的青瓷器，与江浙一带青瓷窑址生产的器物相似，它们之间存在着一定的联系。但从器形、釉色和烧造工艺看，与湖南湘阴窑的风格更为接近，说明桂州窑和湘阴窑的关系尤为密切。而这些器物则与广西各地区南朝墓中随葬的同类器相同或相近，如广西恭城新街南朝墓^①出土的盘口壶，双唇六系罐，Ⅰ、Ⅱ式碗，盂，盘，砚等，与1号窑的Ⅱ式盘口壶，Ⅰ、Ⅱ式檐口坛，Ⅱ、Ⅲ式碗，洗，盘和砚，都极为相似；融安县安宁南朝墓^②出土的砚，与1号窑的Ⅱ式砚相同；永福县寿城南朝墓^③出土的Ⅰ式盘，与1号窑的Ⅲ式高足盘相近；桂林市南齐墓^④、观音阁南朝墓^⑤和东郊横塘农场三座南朝墓^⑥出土的部分器物，与1号窑的同类器物大体相同。

广西位于祖国南疆，考古工作起步较晚，加上新中国成立以来大规模的基础建设，众多的古墓葬（尤其是隋唐时期的墓葬）遭到破坏，致使器物对比的资料匮乏，给研究工作带来一定的困难。但是，就已发掘的考古资料来看，1号窑所烧造的宽大厚重的青砖，粗细布纹板瓦、筒瓦，以及周缘宽厚的莲花纹瓦当等，均在桂州故城寺庙遗址的隋唐文化层中广泛出土^⑦，说明兴建桂州寺院殿堂的建筑材料，均为桂州窑所烧制。此外，在1号窑室发现的一件Ⅲ式砚，与广西全州县贞观十二年（638）下葬的赵司仓墓^⑧出土的砚基本一样。

综上所述，1号窑从南朝晚期至初唐这段时间内，生产没有间断。此窑应创烧于南朝末，兴于隋，而终烧于初唐。

（二）2号窑的年代

这次发掘的三座瓷窑的年代，以2号窑最为清楚，当在北宋时期。其根据是：

1. 出土的多角坛、盘口附加堆纹坛为桂林北宋墓中常用的随葬品^⑨；

2. Ⅰ式碗、Ⅱ式香炉盖、Ⅰ式盘口壶和Ⅰ式檐口坛均保留有唐、五代遗风，而且碗、罐多具有厚唇矮圈足的特点，颇具五代瓷器的风格，说明2号窑的上限应是距五代不远的北宋早期；

3. 因窑室券顶倒塌而废弃，所以室内出土较多的完整器物，其中除刻划有姓氏、记数款外，还刻划有纪年款，其中一件应是"熙宁四年"（1071），证明2号窑的下限在北宋中期。

① 王振镛、覃圣敏：《广西恭城新街长茶地南朝墓》，《考古》1979年第2期。

② 覃义生、张宪文：《广西壮族自治区融安县南朝墓》，《考古》1983年第9期。

③ 黄启善：《广西永福县寿城南朝墓》，《考古》1983年第7期。

④ 黄增庆、周安民：《桂林发现南齐墓》，《考古》1964年第6期。

⑤ 赵平：《观音阁六朝墓发掘简报》，《桂林文物》1984年第2期。

⑥ 曾广立、赵平：《桂林市东郊南朝墓清理简报》，《考古》1988年第5期。

⑦ 桂林博物馆馆藏资料。

⑧ 黄启善、江威信：《广西全州县发现纪年唐墓》，《考古》1983年第3期。

⑨ 桂林博物馆馆藏资料。

（三）3 号窑的年代

3 号窑的烧造年代应为唐代，其依据如下。

1. 2 号窑和 3 号窑南壁的废品堆积，大体分为五层（图十八）：第 1 层，表土，厚 10—32 厘米，含 2、3 号窑陶瓷片；第 2 层，2 号窑文化层，厚 22—142 厘米，出土大量 2 号窑典型器物；第 3 层，间隔层，厚 40—60 厘米，为松软的黄色亚黏土，夹杂极少数 2、3 号窑瓷片；第 4、5 层，3 号窑文化层，厚 53—150 厘米，出土大量带白胶泥的 3 号窑器物；第 5 层以下为生土，黄色亚黏土。2 号窑和 3 号窑之间有一较厚的间隔层，说明两座窑在烧造时间上有段间隔。2 号窑叠压在 3 号窑之上，表明 3 号窑的下限至少早于北宋；

2. 3 号窑的下层（第 5 层）出土的释迦牟尼像，面相丰圆，眉间有白毫相，颈较短肥，着尖领袈裟；弟子像虽各具神态，但面部圆润丰盈，臂背肥厚，肃穆的神情、繁缛的衣褶等特征，与桂林西山、伏波山还珠洞的中、晚唐石刻造像相似，其风格已摆脱印度梵像（桂林初唐时期的造像）的影响。此外，鼓钉纹香炉，Ⅱ、Ⅲ 式碗，Ⅱ 式罐，莲花瓦当和波浪纹滴水等，均与桂林西山唐代西庆林寺遗址出土的基本一致；

3. 器物造型、釉色等特征和浙江宁波镇海小洞岙窑址 [①] 的风格相同，如 3 号窑 Ⅰ 式碗，Ⅰ、Ⅱ 式罐，与小洞岙窑 Ⅱ 式碗、Ⅰ 式罐相同，时代亦应一致；

4. 3 号窑的下层（第 5 层）出土一件有"神"字铭文的碗足残片（图十三，10），在唐代有"神"字年号的，只有武则天的"神功"和中宗李显的"神龙"，可推断这件器物的烧造时间当在公元 697—705 年之间。

综上所述，3 号窑的相对年代，当以唐代中、晚期为宜。

根据以上分析，桂州窑应为南朝晚期创烧，至隋唐（尤其是唐朝）极盛，到北宋中期衰落而荒废。

六、几点认识

（一）1 号窑在广西古陶瓷史上的地位

近年来，随着考古事业的发展，在桂东、桂北、桂东北和桂东南地区诸县境内的南朝至隋唐墓中，陆续出土一大批青瓷器。每座墓随葬的青瓷器，少则一两件，多则达百余件 [②]，有明器也有日常生活用品，不仅形制繁多，制作精致，而且造型美观，釉质莹润，具有明显的地方特色和时代特征。因此，关于广西发现的青瓷器是外地输入，还是本地烧造的问题，引

---

① 林士民：《勘察浙江宁波唐代古窑收获》，文物编辑委员会编《中国古代窑址调查发掘报告集》，文物出版社，1984 年。
② 王振镛、覃圣敏：《广西恭城新街长茶地南朝墓》。

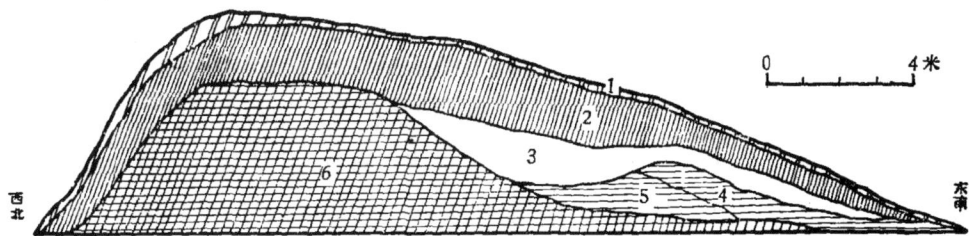

图十八　2号窑、3号窑废品堆积剖面图
1.表土　2.Y2文化层　3.间隔层　4、5.Y3文化层　6.生土

起广大陶瓷工作者及专家们的关注，被作为南朝至隋唐时期考古工作中一项重要的课题进行研究。

1号窑是广西目前发掘的唯一一处青瓷窑址。根据前一节关于年代等的分析，我们认为，广西境内（尤其是桂北地区）南朝至隋唐墓中随葬的青瓷器，有一部分应为1号窑所烧造。1号窑的发掘，在一定程度上反映出南朝至初唐时期广西青瓷烧造业的概况，同时，使前面提到的长期悬而未决的问题得到初步解决。它填补了广西陶瓷史上的空白，又弥补了史书记载的空缺。

（二）2号窑出土的刻划文字所反映的问题

2号窑是这次发掘的重大收获之一，它不仅地层关系清楚，而且出土较多完整的典型北宋器物。尤为重要的是，200余件罐（坛）的肩部有刻划文字，虽大都是残片，但在我国同期窑址中尚属首见。经初步分类，有姓氏款32件，记数款52件，纪年款127件（图十三）。这些残件大多出于第2层，少部分出于第1层和窑室。不同形式的刻划文字反映出以下几个问题。

1. 上窑村现有杨、秦、刘、徐、蒋五姓，其中以杨、秦的姓氏居多。2号窑发现不少刻有杨、秦、李等姓氏款的器物，字体生硬潦草，无疑出自工匠之手，是工匠之名，说明上窑村人的祖先就在这里烧造瓷器。

2. 刻划的记数款，为探讨北宋中叶桂州窑的生产组织和生产关系提供了重要依据。在产品上刻划的数字，正是当时生产定额的真实记录。部分器物在刻划数字时还标记姓氏，说明桂州窑非一家一户的个体瓷窑场，而是由多户人联合经营的民间窑场。在窑区内，可能有较多规模不大的制瓷作坊，它们生产同一种器物或不同种类的器物，各施所长。工匠们在各自制造的器物上刻出数字及姓氏，以标明生产的数额和生产者。

3. 2号窑出土有纪年的瓷片如"□宁四年"，我们推断为"熙宁四年"（1071），它为确定

2号窑的相对年代、烧造瓷器的下限时间提供了直接依据。

（三）3号窑在我国古建筑史中所起的作用

在唐代，随着佛教的兴盛，各地建造大批佛寺殿堂成为当时的一种风尚。但是，由于年代的久远，这些寺庙建筑遭到各种自然的和人为的破坏，能够保存下来的几乎没有。3号窑出土大批寺院殿堂使用的板瓦、筒瓦、勾头瓦、滴水，以及金翅鸟和武士像等建筑构件。此外，它还出有相当数量的大型饰物残件，因缺损严重，目前仍在修复之中。通过这些造型别致、装饰精美、釉色华丽、风格突出的建筑构件，可窥视桂州唐代规模宏大、气势雄伟的佛寺殿堂建筑，表明我国劳动人民创造的建筑史，到唐代又有新的发展。其建筑艺术，尤其是佛教建筑艺术，使建筑与装饰进一步结合、提高，从而取得辉煌灿烂的成就。

我们认为，3号窑出土的各类建筑构件，是我国古代建筑的瑰宝。它的发现，对研究我国唐代建筑，特别是唐代寺院殿堂的屋面结构，具有重要的意义。

（四）3号窑在我国陶塑史上的地位

我国的陶瓷雕塑艺术有着悠久的历史。唐代是桂林佛教的鼎盛时期，同时也是桂林雕塑史上的黄金时代。当时的雕塑匠师们，成功地塑造出一大批各具特点的人物和动物群像。工匠们采用写实的手法，通过造型艺术塑造出不同性格的人物和动物形象。如佛的造像，神态恬静、慈祥，圆雕技法用功独到，观之韵味无穷；弟子造像，以现实生活中的人物形象为模特儿，着重刻画其面部特征，构思巧妙，造型别致，使观者感到亲切和善，洋溢着浓郁的人情味。

金翅鸟、狻猊等动物形象的塑造，显示工匠们具有丰富的想象力和高超的创作才能。它们以细腻、明快、生动的线条，给人以形静意动、形动意生的感觉，既实用又极富装饰性。同时，在雕刻技巧上，工匠们既能抓住整体效果，又着力于传神部位，粗细繁简得当。这些一千多年前的艺术佳作，再现了我们祖先精巧的构思、丰富的想象和高超的技艺。我们认为，3号窑出土的陶瓷雕塑，在我国雕塑艺术史上占有重要的一页。

附记：本报告插图由周开保、韦卫能二同志绘制，封小明同志摄影。在发掘窑址和编写报告过程中，得到研究馆员张益桂先生的指导和陆汉卿、张哲、孙明光、陶君祥等同志的热忱帮助。尤其是1990年在中国青花瓷器学术讨论会和中国古陶瓷年会期间，中国古陶瓷研究会、中国古外销陶瓷研究会会长冯先铭先生、副会长叶文程教授和南京博物院研究员张甫生先生在百忙中抽出时间，对本报告的提纲与年代的判断方面予以赐教，谨在此表示衷心的感谢。

原载《考古学报》1994年第4期

桂林瓦窑古窑址的探索

□ 桂林市文物商店　李　铧

　　由桂林沿漓江南下约 5 千米，西岸一带旧名为瓦窑。这里有瓦窑、窑头、上窑、下窑等几个带"窑"字的村，村之间相距约 1 千米。二十多年前全区文物普查时，在这里就发现了古窑址，定为唐代 [1]。在自治区文物队韦仁义先生的指导下，笔者于 1988 年以来在这一地区作了多次参观了解，发现有早自南朝、晚至明清的古窑址近十处。现就所见较明显的遗存分述于后。

　　一、时代最早的窑址堆积被当地人称之为"大窑"，是一条南北向、窑门朝北、筑于坡地上的龙窑。早年曾有漓江河汊由东面经窑下流过，现已干涸并垦为农田。此窑专烧制青瓷，胎灰色，质坚重，致密，火候较高。青釉光亮润泽，细开片，施釉均匀，未用化妆土。品种有杯、碗、盘、豆、高足杯、钵、砚、盘口壶、檐口坛、六系罐、网坠、炉、窑具等。

　　碗，可分五式。Ⅰ式直口，Ⅱ式撇口，同是深弧腹，实心小饼足，内满釉，外施釉过半，制作规整光洁。规格多种，小为杯，大为碗，内心均无支钉痕。Ⅲ式直口浅弧腹，实心小饼足，仅口沿施釉一周。Ⅳ式敞口曲折腹，平底，内满釉，外施釉过半。Ⅴ式直口弧腹，口沿微敛，钵式，凹足，内心及外口沿下各有凹弦纹两道，仅口沿施釉一周至腹中部。

　　盘，坦口浅弧腹，小平底中心微凹，内满釉，外施釉过半。部分内壁刻划莲花纹，花中心的莲实为小圆管端压印而成。一些大的口径达 30 厘米以上，足径达 10 厘米，壁厚达 2 厘米。

　　豆（高足盘），盘口外侈，盘下缘有突起折棱，喇叭形圈足，部分盘内有一圈凹弦纹，釉施至圈足过半。

　　高足杯，分直口和撇口两种，深弧腹，喇叭形高圈足，足上部与杯底连接处有一道凸竹节，釉施至足半。

　　钵，敛口鼓腹平底，口沿和肩部各有三道凹弦纹。

　　砚，圆形，砚面分二式。Ⅰ式砚面中心微凸，外环水槽一周，有镂孔刻划纹圈足，水滴形足、扁三角形刻划纹足等多种足式。Ⅱ式砚面呈馒头状凸起，外环挡水墙一周，平底内凹，马蹄足八个。

---

[1]　中国硅酸盐学会主编：《中国陶瓷史》，文物出版社，1982 年。

盘口壶，口沿外侈，盘下沿有凸起折棱，颈较短，部分颈中段有两道凸竹节，丰肩鼓腹，平底，四系用手捏成不规整桥形，分别横安于肩四方。

檐口坛，内口直，内口略高于外口，丰肩鼓腹，平底，肩上横安四系或二系，系形与盘口壶同。

罐，直口丰肩，鼓腹六系，其中有两组并列的桥形系相对横安。

网坠，扁圆体，两面均压有弧形沟，未施釉。

窑具均用高岭土制作，有匣钵、垫具等。匣钵筒形平底，大小深浅不等，口沿有2至4个弧形缺口，腹下部有一圆孔。匣钵盖呈圆饼形，大小与匣钵配套。浅齿状垫饼有4至6齿，深齿状垫饼有10至16齿，均为轮制刀削成。另有用手捏成的三足支钉圈和泥条圈等垫具。还有一种独特的窑具——垫托，为圆饼形匣钵盖中心凸起一圆柱，使用时柱朝上稳在匣钵上，在柱周围放置五六个深腹小杯。将这样装好的垫托层层叠放，既充分利用了窑室空间，也避免了器物直接叠烧时支钉痕损坏器内釉面的美观。

在瓦窑一带未发现比此窑更早的和处于技术不成熟的初创阶段的窑址。而此窑的圆琢器造型、装饰手法、纹样、窑具等又无不与湖南湘阴窑南朝后期的工艺同出一辙 [1]，故据此推测此窑为部分湘阴窑工匠在南朝后期逆湘江沿销售途径至桂林而设，并烧造器物就地销售，因此完全沿袭了湘阴窑当时的烧造工艺。这时在湘阴窑系中尚未流行压印小花的装饰技术，所以流传过来的只有刻划装饰技术，而且莲花中心的莲实和湘阴窑一样是用小圆管端压印而成的，还只是压印装饰的萌芽。在桂林隋代开元寺等多处遗址中，均发现有桂林窑与湘阴窑的同类残器。用类型学进行器形比对，初步可判断此窑在南朝后期已创烧，盛于隋，唐初因故停烧。

二、在大窑至上窑村之间、桂海铁路南面约200米，可见多处砖瓦窑遗址。机耕路旁的水沟中还可见大量废品堆积层，有板瓦、筒瓦等，瓦凹面有细麻布纹，凸面为绳纹，板瓦长35厘米，大头宽27厘米、小头宽22厘米、厚2厘米。瓦当为莲花纹，莲瓣8片，直径13.5厘米。砖面有绳纹，灰色。砖、瓦均无釉。此种砖、瓦在桂林开元寺、西庆林寺、伏波山南及解放东路等隋唐遗址中均有发现，证实其为隋唐砖瓦窑。

三、在大窑西面约50米的造纸厂东围墙外有窑址堆积，当地人称之为"小窑"。小窑是一条东西向龙窑址，窑门朝东，废品堆积高出地面约2米。从地面散布的废品来看，此窑烧制的品种较复杂，有生活用器、生产用具、明器和建筑构件等。有碗、盘、执壶、罐、檐口坛、擂钵、碾轮、碾槽、网坠、陶象牙、武士像、佛像、雉鸡、双系多角罐、镂孔堆捏刻划纹魂瓶和青釉板瓦、筒瓦等，胎灰色，圆器质较细、较坚致，琢器质较粗，大器多厚重近陶质，胎土亦淘练不纯，含铁、锰较多，器表多有"黑痱子"凸起。除碗、盘及部分壶、罐施稀薄的青黄釉外，多不施釉。碗盘类用支钉圈叠烧，不用匣钵。壶罐类则多用碾轮作叠烧垫具。装饰手法有：

---

① 周世荣编著：《湖南陶瓷》，紫禁城出版社，1988年。

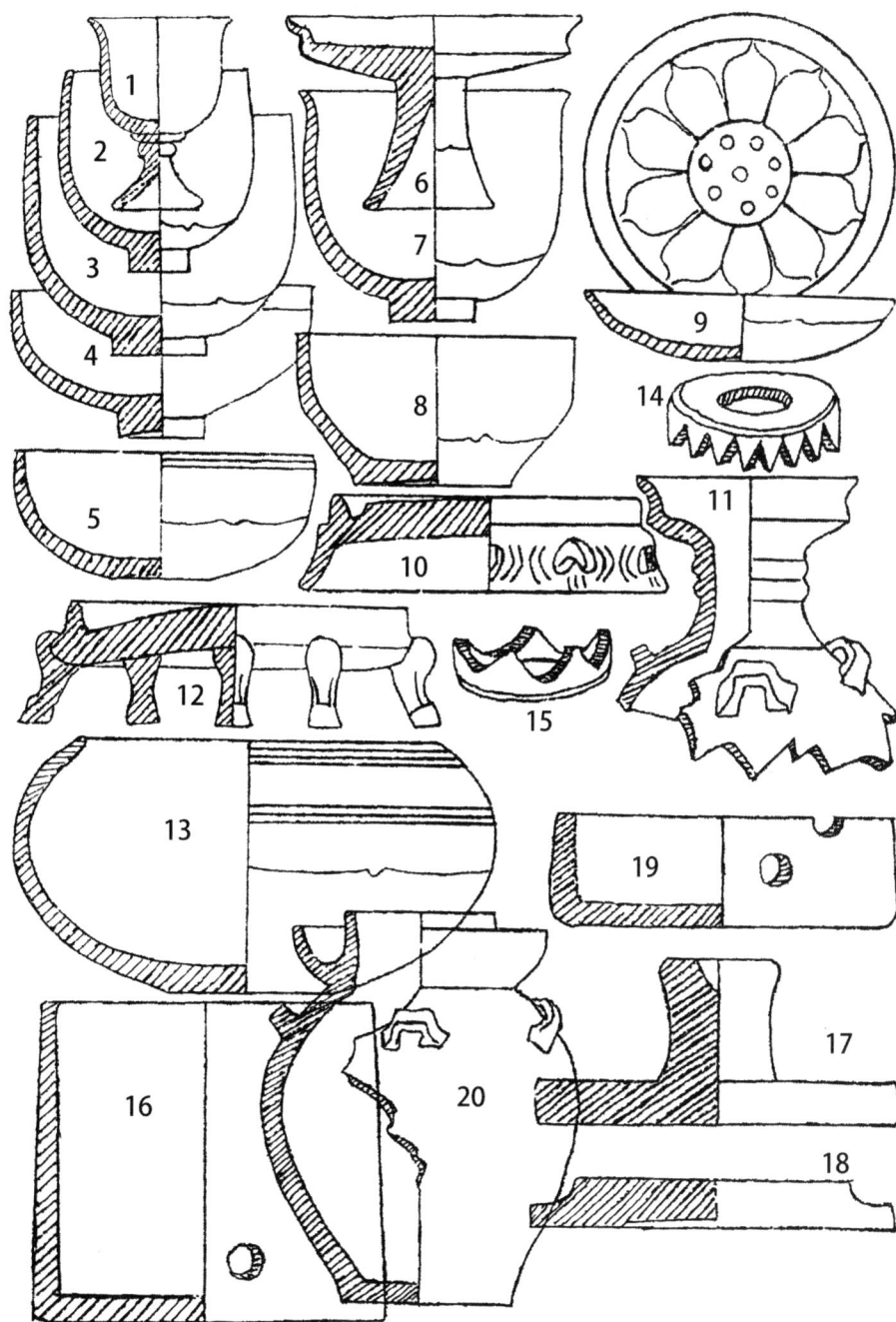

图一　隋代窑器形选绘

1. 高足杯　　2、3. I 式碗　　4. III 式碗　　5. V 式碗　　6. 高足盘　　7. II 式碗　　8. IV 式碗
9. 盘　　　10. I 式面砚　　11. 盘口壶　　12. II 式面砚　　13. 钵　　14、15. 齿状垫具　　16、19. 匣钵
17. 垫托　　18. 匣钵盖　　20. 檐口坛
（11、16、17、18、19、20 为 1/4，余为 1/3）

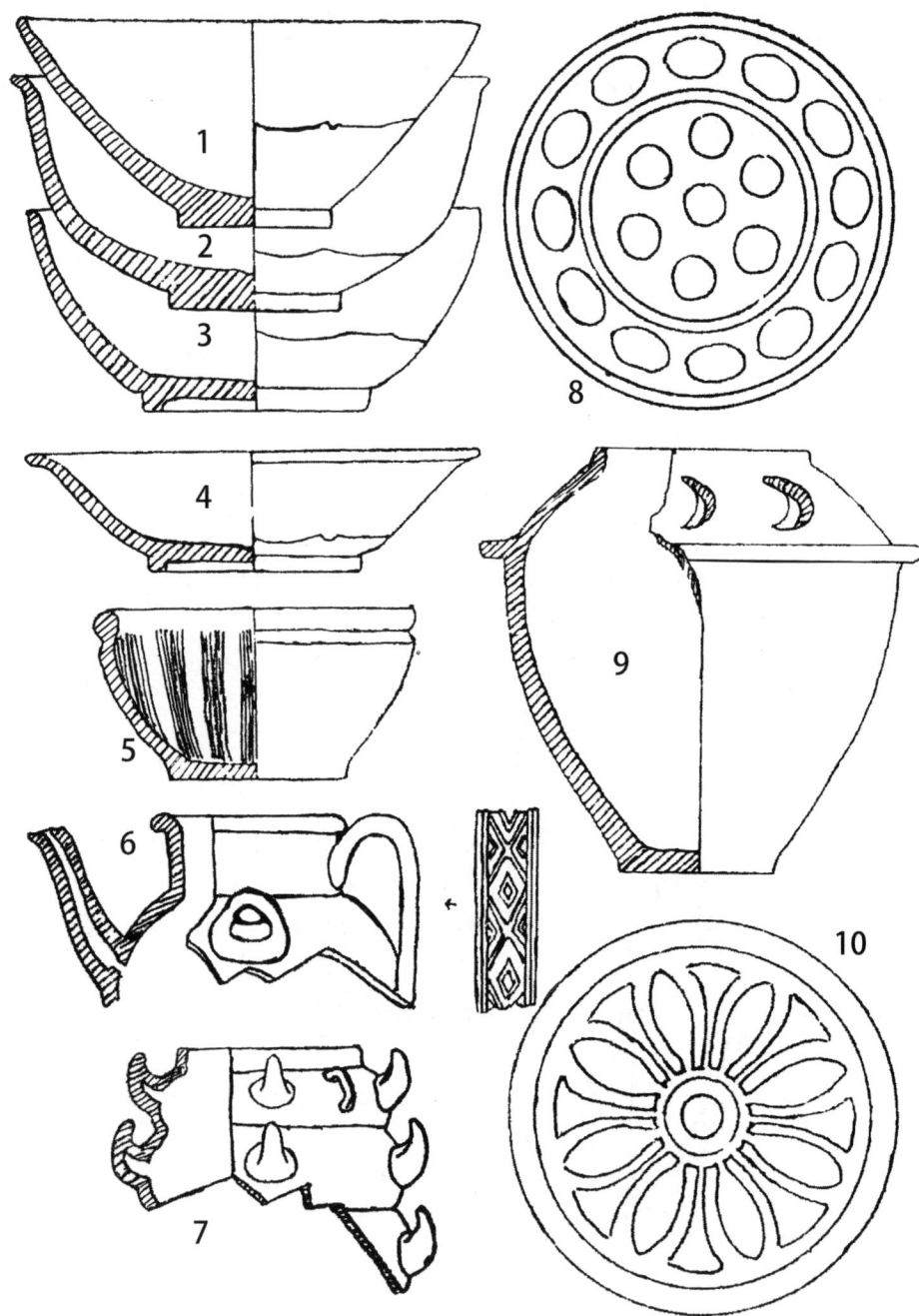

图二　北宋窑器形选绘

1、2、3.碗　　　4.全州永岁乡大湾渡窑碗　　5.擂钵　　6.执壶
7.双系多角罐　　8.青釉瓦挡　　　　　　　9.镂孔罐　　10.隋唐窑瓦挡

刻划（在瓶罐上刻划文字及莲瓣、云水等纹饰），堆贴（在魂瓶肩腹处堆贴泥条），捏（在堆贴的泥条和板瓦口沿捏裙边饰），镂空（在魂瓶肩及盖上镂花孔），模印（在执壶柄上印几何纹和在瓦当上印莲实纹），戳印（把竹管端面削成锯齿状，在琢器上戳印圈点纹），雕塑（有武士像、佛像、雉鸡、象牙、多角罐等）。在此窑的一些罐肩残片上常见有窑工在器物未干时用尖器刻划的纪年款、姓名款、记数款等，有"庆历六年""皇祐四杨""皇右""嘉右六年""加右八年""治平三年""二年李小三五""八年三十""杨四""李九""李小四""李千大二""秦""小二""小十二""个""二十二""三十""三十三""三十八""三十九""三八""三九"等。其中庆历、皇祐、嘉祐为北宋仁宗赵祯的年号，治平为英宗赵曙的年号，都在北宋中期，可见此窑盛烧于北宋无疑。其中的碗壁厚重，均为实心饼足；盘撇口，折沿折腰，玉环足，仍具晚唐至五代特征，因此此窑创烧时间有可能早到唐末五代。但从其造型、窑具及装烧工艺来看，与相邻的大窑没有直接的承袭关系。在窑址废品堆积中发现一件广西全州县永岁乡大湾渡窑的青瓷残碗，内心用酱彩书一"大"字。此种碗的造型和支烧工艺与湖南湘江上游的黄阳司窑、蒋家窑[1]及广西永福县牛坪子窑相同，从而印证了这个窑的烧造年代。此窑大量烧制碾轮，可能与当时社会上斗茶风盛行、对碾茶用具的大量需求有关。另，在此窑北面约200米也有一处窑址堆积，南面约500米的上窑村边还发现窑址两处，现已被夷为平地。其废品和窑具均与小窑相似，应为同期窑场。此外，在废品堆积中发现有广西兴安县严关窑青瓷花碗和北流县岭洞窑青白瓷碗残片，估计也为窑工弃用之物，故这几处窑可能是在严关窑和岭洞窑创烧之后的南宋初才停烧。

四、在窑头村南的岭子底村边，现农业银行柘木分理处的后院，原有烧琉璃瓦和红阶砖的窑址。据村里一杨姓老农说，其幼时还见有残砖瓦堆积，但近十年来建房建厂已将窑址推为平地，至今仅可寻到少量孔雀蓝釉筒瓦、方阶砖、匣钵残片。匣钵较浅，腹中段有通气圆孔。此种筒瓦较小、薄，遗存也不多。此窑可能为近百年建造的砖瓦窑。

由于历代的生活、劳作严重破坏了这一带的原有地貌，给彻底弄清瓦窑古窑业造成了很大困难。仅就目前发现，已将广西青瓷的创烧时间由唐代推前到南朝后期，填补了广西陶瓷史上的空白，而且证实了桂林窑是全国最早使用匣钵这一先进装烧工具的窑之一。垫托是桂林窑的独创，它的发明使内无支钉痕的小杯的装烧量比同类窑高了数十倍。这种先进窑具为当时全国所独有，惜未能传播出去就随着窑业的中断而失传了。北宋纪年窑的发现为广西东北部考古发掘器物的断代提供了一批标准器。其烧制的建筑构件则可印证桂林的一些唐宋遗址，从而也证实了瓦窑这个地名的由来，的确与这一地区长期从事过窑业有关。

原载《广西文物》1991年第2期

---

① 周世荣编著：《湖南陶瓷》。

广西桂州三号窑在陶塑史上的地位

□ 桂林博物馆　曾少立　韦卫能

我国的陶瓷雕塑艺术有着悠久的历史和优秀的民族传统，在其长期的发展过程中，基于本民族传统雕塑、绘画等艺术的基础，融入了外来的文化及艺术。唐代时期，桂林佛教鼎盛一时，为桂林雕塑史上的黄金时代。那些不知姓名的雕塑匠师们在西山、骝马山、伏波山、叠彩山等处雕刻精美的石像的同时，发现陶塑艺术较之石刻更能充分施展自己的才华和妙技。随着桂林佛教的盛行，寺院、殿堂大规模兴建，雕塑匠师们成功地塑造出一批各具特征的佛教人物、动物群像。这些作品虽略有残损，但属原塑，无疑是研究我国唐代陶塑史难得的标本，其历史与艺术价值，是值得重视的。

桂州三号窑出土的雕塑作品主要为佛教题材。经初步判断，可分为人物和动物两大类。

一、人物塑像

佛教雕塑是佛教艺术的集中体现，通过对佛、弟子、菩萨等的塑造，形象地宣传教义。它可起到使"观者听，听者悟"、"进可以去心，退可以拓邦"的作用。而佛教艺术的功能是使信仰者从抽象教义中获得形象化的信仰概念，因此，它就要求每一件作品对广大信士能感之以美、动之以情，使他们受到艺术的感染，从而获取深层的信仰力量。下面根据造型、服饰诸方面的特点，将人物塑像分为佛和弟子两种类型进行分析。

（一）释迦牟尼佛像

释迦牟尼佛像（图 1）通高 29 厘米、肩宽 11.8 厘米、座高 4.1 厘米。出土 18 件，现已复原 3 件。其共同特点为：面相丰满，顶为螺髻，弯眉，眉间有"白毫相"，鼻梁较高，目微启俯视，眼神宁静含蓄，唇薄口合，嘴角稍上翘，微露笑意，口将言而嗫嚅，耳大下垂，颈短，两肩宽适，身披尖领袈裟，右肩搭一块披肩，衣纹流畅极富质感，结跏趺坐于四角形高莲台座上。此外，它们还有一个突出的特征，即双手笼于袖内，置于腹前。这可能是匠师们考虑到陶塑人像手臂易断之缺陷，于是大胆突破宗教仪轨的束缚，将释迦牟尼说法或成道的手势妙改为袖手，从而解决了陶塑造像手臂易断的难题。这几尊佛像面目饱满，神情恬静慈祥。作者运用了造型的手段和雕塑艺术的语言，主要从头、面、衣着及莲座诸方面来表现佛像，使造像达到了理想化的效果，确属至今所见唐代陶塑品中难得的精品。

（二）弟子造像

出土48件，多残损，已复原4件。就此4件而言，匠师们采用了写实的雕刻手法，以貌传神，以形达意，刻画出不同的人物形象，意境极为深刻。例如，在塑造释迦牟尼一老一少两个得意的门徒时，可谓匠心独运。老者是摩诃迦叶（图2），通高16.6厘米、肩宽5.8厘米。传说他是佛教第一次结集的召集人，释迦牟尼的"十大弟子"之一，释迦牟尼涅槃后，摩诃迦叶即为佛教第一代祖师，佛经称其"头陀第一"。由此，作者着意刻画摩诃迦叶的特征：面目清瘦，高高的鼻梁，深深的眼窝，额头上层迭皱纹，眉脊与颧骨突起，脖颈暴出青筋，身着袈裟，两肩披巾，并打结于胸前。这些特征显示了这位苦行高僧严谨持重的品性和饱经风霜的非凡经历。而他的目光向下，冥想沉思，面部似呈愁容。作者以现实生活中的人物为模特儿，使摩诃迦叶内心复杂的感情流露于面部并加以渲染，从而表现了其正在参禅悟道的情景。其别致的构图、优美的造型、精细的刻技，堪称桂州窑陶塑品中之佼佼者。

阿难陀像（图3），残高7.2厘米、宽4.6厘米。工匠对于阿难陀的刻画用心更佳。阿难陀较摩诃迦叶年轻，是释迦牟尼的堂弟。他在释迦牟尼回乡时从其出家，侍从释迦牟尼达25年，亦为"十大弟子"之一。相传他是一位相貌俊美、温顺文静的小和尚。据此，作者着意塑造了他光光的头、胖胖的脸，表现了他文静温顺、活泼开朗的性格。他目光炯炯，就连略厚而稍上翘的嘴唇也被刻画入微，睹面如生。作者通过刻画他自信的神情，着重勾勒这位年轻和尚的聪明睿智、"多闻第一"。古代艺坛的匠师们，确将《大智度论》中所形容的"面如净满月，眼若青莲华……能令人心眼，见者大欢喜"的阿难陀神态，形象地再现出来。称其为桂州三号窑陶塑中之精华，是不过分的。

二、动物塑像

桂州三号窑所出土的动物塑像，主要有鸡、猪、羊、狻猊、金翅鸟和金翅鸟王等，其中尤以金翅鸟、金翅鸟王和狻猊最具特色，下面依次概述。

（一）金翅鸟和金翅鸟王

在佛教艺术中，不仅有佛、菩萨和弟子造像，还有八部护法像，称其为"天龙八部"。这些护法神，原多为古印度婆罗门教和各种外道的崇拜对象，后被佛教加以吸收、利用。八部者：一天众、二龙众、三夜叉、四乾闼婆、五阿修罗、六迦楼罗、七紧那罗、八摩睺罗迦。

金翅鸟，又名妙翅鸟，梵语迦楼罗，八部众之一，是一种大鸟，翅翮金色，故名金翅鸟。相传它两翅相距三百六十万里，住于须弥山下层，靠食龙为生。在云冈石窟一些屋形龛的脊中央的鸟形象，即为金翅鸟。敦煌第158窟的唐代壁画中，金翅鸟被人形化，变成了头戴鸟冠的武士形象①。桂州三号窑出土的金翅鸟（图4），整器用黏土塑造而成，身长23.6厘米、宽11厘米、高27.6厘米，凤头，蛇颈，翼大而尾圆短，体形似凤非凤，背上印刻三角纹饰，多作张目曲喙，有的呈伸颈观望状，有的却回首衔翅，作挥翅舒羽状。古代艺术家们将同一类型而不同姿势的金翅鸟刻画得淋漓尽致。

金翅鸟王，金翅鸟中之最胜者，用以譬佛。《旧华严经》曰："佛子，譬如金翅鸟王，飞行虚空，以清净眼观察大海龙王宫殿，奋勇猛力，以左右力搏开海水，悉令两辟，知龙男女有命尽者而撮取之，如来应供养，应等正觉，金翅鸟王亦复如是，安住无碍虚空之中……"。对于这种神奇怪异的形象，既能表现出佛经中的内容，又使其符合当时社会的需要，以产生深刻而广泛的影响，绝非易事。但古代匠师们熔陶瓷与佛教艺术于一炉，发挥了丰富的想象力和高超的创作才能，在尊重佛经内容的基础上，大胆采用夸张的手法，将其塑成"高冠、突眼、垂耳、蛇颈、长喙尖向下弯曲、翘尾呈莲花瓣状；双足粗健、作伏卧姿"的形象，如凤凰又像鹰。该像（图5）身长34厘米、身宽12.2厘米、高36.4厘米。整座造像造型粗犷，神态威严，给以形动意生、形静意动的感觉。它虽属外域装饰艺术的移植品，却大有"以清净眼观察法界诸宫殿中一切众生。若有善根已成熟者，奋勇猛大力，'止'、'观'两翅搏开生死大爱海水"之势。将这种具有强烈感染力的宗教宣传品安置在佛寺、殿堂的顶上，无疑会产生巨大的艺术魅力，从而吸引众多的善男信女顶礼膜拜，施功积德。

（二）狻猊

徐应秋《玉芝堂谈荟·龙生九子》引李东阳《怀麓堂集》云："龙生九子不成龙，各有所好……狻猊，平生好坐，今佛座狮子是其遗像……"。狻猊这一形象，以两种不同的形式出现在桂州三号窑的香炉中。一种是塑在炉盖上（图6），以狻猊代纽，狻猊头大身小，立眉鼓眼，仰首张口，腹空，呈蹲坐状。盖径11.2厘米、高11.7厘米。焚香时，烟雾由狻猊口出。其造型新颖独特，为其他瓷窑所少见。这种装饰手法，恰与陆容《菽园杂记》所载"金猊，其形似狮，性好火烟，故立于香炉盖上"吻合，足见工匠用心极细。其当属桂州三号窑屈指可数的精品之一。另一种则是将四只狻猊刻于炉腹（图7）。香炉口径30.2厘米、最大腹径49厘米、残高31.5厘米。狻猊大小相等，其间饰以祥云，周镂七至九个小圆孔，以便空气流入和出烟。使用时，燃香料于炉中，香烟袅袅由孔飘出，狻猊的身躯似沉浸于云雾间，望物生义，令人佛境之念油然而生。正如花蕊夫人《宫词》所云："夜色楼台月数层，金猊烟穗绕觚棱②。"从器物塑造效果看，它是为特殊用途而精心设计的佛教艺术品，一般日用陶瓷与之不能相提并论。从制作方法看，它打破了一般香炉单调呆板的造型，以高超的技艺，力致静中求动，既富装饰性，又适于实用，表现了突出的地方风格。从刻画技巧看，它注重以"型"来表现物体本性，线条

---

① 丁明夷、邢军：《佛教艺术百问》，中国建设出版社，1989年。

② 觚棱，亦作"柧棱"，宫阙（佛殿）上转角处的瓦脊。王观国《学林·觚角》："所谓觚棱者，屋角瓦脊成方角棱瓣之形，故谓之觚棱。"实指堂殿上最高转角处。

桂州三号窑出土的陶瓷
雕塑品

图 1. 释迦牟尼佛像
图 2. 摩诃迦叶像
图 3. 阿难陀像
图 4. 金翅鸟
图 5. 金翅鸟王
图 6. 狻猊香炉盖
图 7. 狻猊香炉

图 1　　　　图 2　　　　图 3　　　　图 4

图 5　　　　图 6　　　　图 7

细腻，有明有暗，生动逼真，那突出的双眼、鼓起的两腮、弯曲的鬣毛、摆动的尾巴、健壮的四肢、锐利的五爪，虽雕刻简练，却达到了栩栩如生的地步。从雕刻艺术上看，它既抓住了整体效果，又着力于传神部位，繁简得当，粗细适宜，突出头部，着重于眼、眉、鼻、嘴的精雕细刻。同时，它还成功地运用了线雕、浮雕的手法，使四只狻猊雄伟而不呆滞，威严而又警觉。作品既有浓厚的民族风格，又酷似一幅十分精美的画卷，称其为我国唐代陶瓷雕塑中出类拔萃的器物，并非过誉之辞。

综上所述，桂州三号窑的陶瓷雕塑，具有多工艺、多品种、多造型的明显特征。它是桂林古代艺术家们以当时的现实生活为源，以传统的艺术技巧为流，同时汇集了若干外来文化而形成的一条艺术长河。

原载《南方文物》1992 年第 2 期

桂州窑遗址出土陶塑佛教造像初步研究

□ 桂林理工大学　人文社会科学学院　陈　曦

□ 南京大学　历史学院　洪德善

桂州窑遗址位于今桂林市雁山区柘木镇窑头村委上窑、下窑、窑头村。窑址于 1965 年被发现，分布面积约 2 平方千米，原有 10 余座龙窑，1988 年发掘了其中 3 座，命名为 1、2、3 号窑，均为斜坡式龙窑。此次发掘，共出土遗物 4700 余件，主要为民间日用青釉、黄釉陶瓷器和佛教用陶瓷器。1988 年被发掘之后，3 号窑遗址出土的与佛教相关的遗物即引起了发掘者的关注[①]。但因仅有发掘简报面世，可以参考的资料有限，没有更多的学者加入讨论，研究工作未能深入开展下去，学界也再无研究成果问世。

桂州窑遗址出土遗物现全部藏于桂林博物馆，因人力所限，发掘报告短期内仍难以出版。为推动桂州窑及桂林地区的佛教文化研究，本文先行将窑址出土的最具特色的、直接与佛教相关的佛教造像资料加以整理，并对 3 号窑的年代作初步探讨，以期引起学界对桂林佛教文化的关注。

一、释迦牟尼佛像

桂州窑遗址 3 号窑共出土释迦牟尼佛像 18 件，较完整者 3 件，余为残件。

（1）藏品 06961 号，通高 24.2 厘米、宽 14 厘米、厚 12.2 厘米。胎体中空，无釉。佛像面部丰满，目微闭，高鼻，垂耳，螺发，矮肉髻，着右衽交领半披式佛衣，袖手置于腹前，结跏趺坐于七瓣莲台之上（图一，1；图版一，2）。

（2）藏品 06960 号，通高 24 厘米、宽 13 厘米、厚 12.2 厘米。胎体中空，无釉。佛像目微闭，高鼻，垂耳，额印一白毫相，螺发，矮肉髻，着右衽交领半披式佛衣，袖手置于腹前，结跏趺坐于七瓣莲台上（图二，12；图版一，1）。

（3）藏品 09492 号，通高 25 厘米、宽 13.5 厘米、厚 12.5 厘米，形象与 06960 号相同（图一，3；图版一，5）。

---

① 目前见有发掘者曾少立：《论广西桂州窑三号窑与佛教的关系》，中国古陶瓷研究会编《中国古陶瓷研究（第五辑）》，紫禁城出版社，1999 年；曾少立、韦卫能：《广西桂州三号窑在陶塑史上的地位》，《南方文物》1992 年第 2 期。

图版一　　　　　　　　　　　　　　　图版二

二、弟子像

桂州窑 3 号窑出土弟子像共 48 件，有弟子摩诃迦叶像、阿难陀像。迦叶像较完整者 2 件，阿难头部残像 3 件。

（一）迦叶像

（1）藏品 06959 号，通高 34.1 厘米、宽 25 厘米、厚 22 厘米。胎体中空，无釉。光头，浓眉，目微闭，高鼻，垂耳，结跏趺坐，身披袈裟结蝶于胸前，左手置腹前，掌心向上，右手屈指置胸前，成佛手印（图一，5；图版一，3）。

（2）藏品 09487 号，通高 34 厘米、宽 24 厘米、厚 21 厘米。胎体中空，无釉。光头，斜眉，小眼，高鼻，垂耳，身着褒衣博带式佛衣，左手置于腹前，掌心向下，右手屈指置于胸前（图二，14；图版一，4）。

（二）阿难像

（1）藏品 09495 号，仅余头部，残高 20.5 厘米、宽 11 厘米。头颅中空，耳孔与颅内腔相通。光头，细眼，高鼻，阔嘴，垂耳（图一，2）。

（2）藏品 09496 号，仅余头部，残高 13 厘米、宽 10 厘米。头颅中空，耳孔与颅内腔相

225

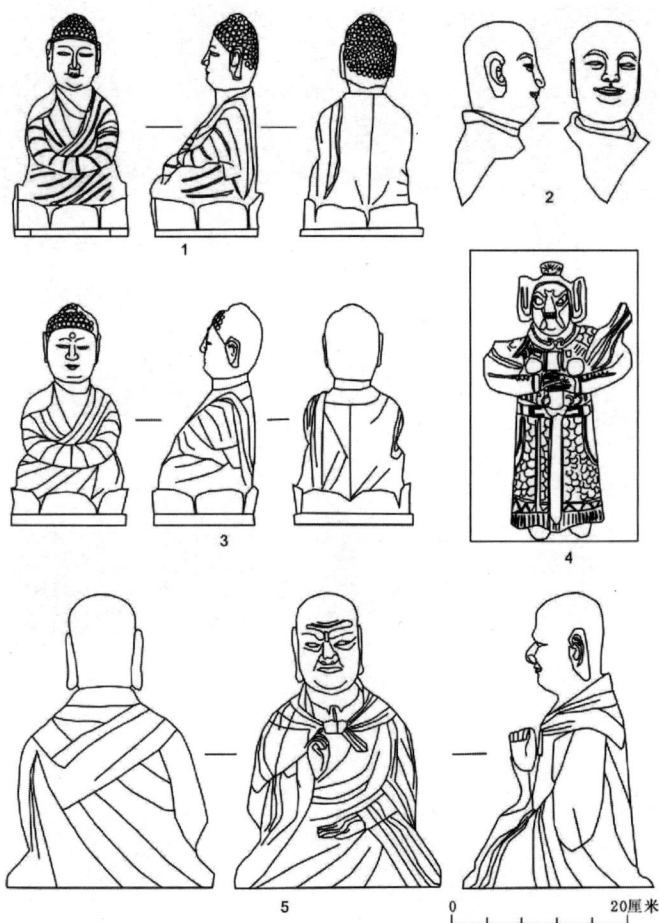

图一
1.06961 号释迦牟尼佛像
2.09495 号弟子阿难陀像
3.09492 号释迦牟尼佛像
4.09488 号武士像
5.06959 号弟子摩诃迦叶像

通。光头，斜眉，大眼，高鼻，阔嘴，垂耳（图二，11；图版二，2）。

（3）藏品 09493 号，仅余头部，残高 12.2 厘米、宽 8 厘米。头颅中空。光头，目微张，高鼻，垂耳（图二，13；图版二，1）。

三、武士像

桂州窑 3 号窑出土武士像 61 件，1 号窑出土 4 件，共 65 件，均为残件，其中头部残像 10 件。

（1）藏品 09488 号，出土时已残损，现已修复，通高 32 厘米、宽 18.5 厘米、厚 60 厘米。造型为板式浮雕，背板为长方形。武士头戴胄，高髻，身披铠甲，两臂有向上飘扬的焰肩，双手持剑于胸前，额刻两道皱纹，双目圆瞪，高鼻，齿外露，形貌凶猛（图一，4；图版一，6）。

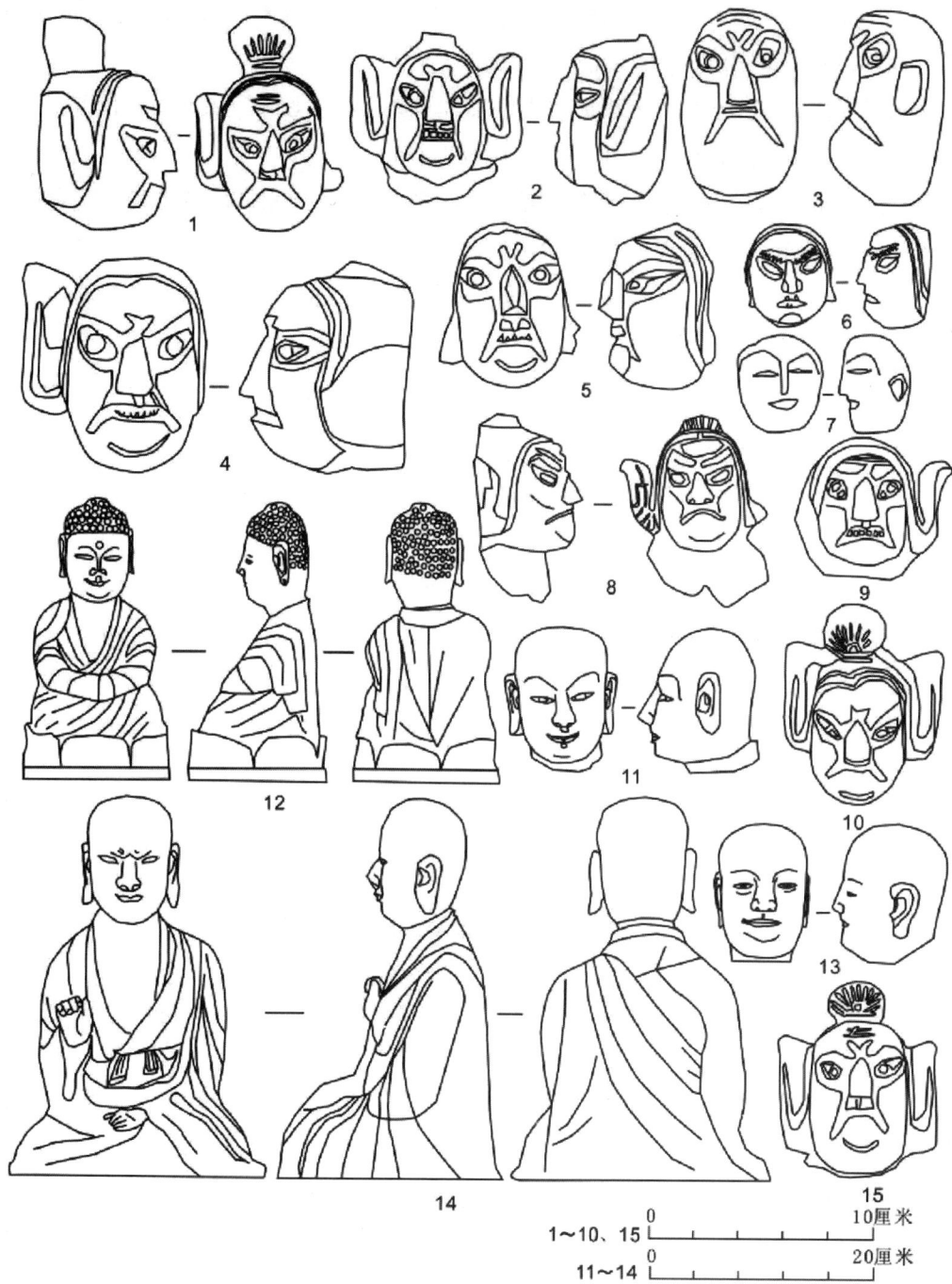

图二

1.09783 号武士像　　　2.09777 号武士像　　　3.09780 号武士像　　　4.09776 号武士像

5.09781 号武士像　　　6.09775 号武士像　　　7.09779 号武士像　　　8.09784 号武士像

9.09501 号武士像　　　10.09502 号武士像　　　11.09496 号弟子阿难像　　12.06960 号释迦佛像

13.09493 号弟子阿难陀像　14.09487 号弟子摩诃迦叶像　15.09497 号武士像

（2）藏品09783号，仅余头部，残高9.2厘米、宽7.8厘米。头戴胄，高髻，面部造型夸张，高鼻深目，形貌威武（图二，1；图版二，8）。

（3）藏品09777号，仅余头部，残高7.5厘米、宽7.3厘米。头戴胄，面部造型夸张，高鼻深目，齿外露，面目狰狞（图二，2；图版二，6）。

（4）藏品09780号，仅余面部，残高8厘米、宽5.2厘米。施青黄釉。五官偏上，下颚肥圆，高鼻深目，面目威武（图二，3；图版二，7）。

（5）藏品09776号，仅余头部，残高9.5厘米、宽7.5厘米。头戴胄，高鼻，目圆瞪，齿外露（图二，4；图版二，5）。

（6）藏品09781号，仅余头部，残高7厘米、宽6厘米。面部造型似09776号（图二，5）。

（7）藏品09775号，仅余头部，脸部近圆形，残高4.8厘米、宽4.2厘米。施青黄釉。头戴胄，锯齿状斜眉，斜目，高鼻（图二，6）。

（8）藏品09779号，仅余头部，残高4.5厘米、宽4.1厘米。制作粗糙，五官仅作简单刻画，应为半成品（图二，7）。

（9）藏品09784号，仅余头部，残高8厘米、宽5.5厘米。头戴胄，矮髻，斜眉，鼓眼，高鼻（图二，8）。

（10）藏品09497号，仅余头部，残高8.7厘米、宽7厘米。头戴胄，高髻，瞪眼，高鼻，额刻两道皱纹（图二，15；图版二，3）。

四、桂州窑遗址3号窑的年代探讨

发掘简报认为，桂州窑遗址3座窑的时代，以2号窑的时代最为清晰，地层中有"加右（嘉祐）二年"（1057）、"加右六年"（1061）、"熙宁四年"（1071）纪年瓷器残片。因此，2号窑为北宋时期，其下限在北宋中期；1号窑没有发现纪年材料，依据出土遗物的时代特征，推断其创烧于南朝末年，兴于隋，而终于初唐；3号窑（第5层）出土一件有"神"字铭文的碗足残片，唐代有"神"字年号的，只有武则天的"神功"（697）和中宗李显的"神龙"（705—707）。对于这一纪年材料，发掘者谨慎地推断，此件器物的烧造时间当在公元697—705年之间。但并没有据此推断3号窑的年代，而是将其出土遗物与桂林西山、伏波山摩崖造像及西山西庆林寺出土遗物相对比，推断其为唐代中、晚期。

此年代结论值得细究：

其一，发掘的3座窑中，1号窑位置相对独立，2、3号窑有叠压关系，属于3号窑的地层为第4、5层，第3层为间隔层，厚40—60厘米，为松软的黄色亚黏土，较纯净，仅夹杂少量2、3号窑的瓷片，且2、3号窑的时代区分是明显的。因此，第3层应是唐、宋两代的间歇层。此间歇层的形成，很可能与唐武宗会昌年间（841—846）的灭佛事件有关。桂州窑3号窑出土遗物，可见器形者，除日用器及装烧用具，以佛教塑像及建筑构建为大宗，它的停烧与灭佛事件存有逻辑关系是符合情理的，因此其年代下限不会逾过唐武宗会昌年间。

其二，唐武宗灭佛事件对桂州佛教的直接影响有唐代文献为证。唐人莫休符在《桂林风土记》中记：

> 寺在府之西郭郊三里，甫近隐山，旧号西庆林寺，武宗废毁，宣宗再崇。峰峦牙张，云木交映，为一府胜游之所。寺有古像，征于碑碣，盖卢舍那佛之所报身也。此地元本荆榛，先无寺宇。因大水漂流巨材至，时有工人操斧斤斫伐，将欲下斫，忽见一梵僧立在木傍，有曰此木有灵，尔宜勿伐。既而罢去。又有洗蔬者其上则浮，濯董辛于其上又沉，雅契梵僧之言。由是咸知有灵，遂刻削为僧佛。当则天后临朝之日，梦金人长一丈六尺，乞袈裟。及诏大臣问其事，皆莫能解。旋奏："陛下既有此梦，乞依梦中造袈裟，悬于国门，以俟符验。"明早，大臣奏悬袈裟忘收，已失。遂诏天下求之，已在桂州卢舍那佛身。至今尊卑归敬，遐迩钦崇。[1]

此段文献有两点值得注意：武宗毁佛直接波及桂州西庆林寺；西庆林寺的兴盛与武则天有关。关于桂林西庆林寺遗址，在1983年文物普查中，曾进行过考古勘探与试掘，试掘出土的遗物现藏于桂林博物馆。其中亦有陶质武士塑像2件：藏品09501号，仅余头部，残高6.2厘米、宽7厘米。头戴胄，额刻两道皱纹，怒目圆瞪，齿外露（图二，9）；藏品09502号，仅余头部，残高9.1厘米、宽7.5厘米。头戴胄，高髻，高鼻深目（图二，10；图版二，4）。造像艺术特点与桂州窑出土的武士像相同，为桂州窑烧造无疑。下限到初唐的桂州1号窑已开始烧造佛教用品，如武士像（图二，8）、莲花纹瓦当等。但从发掘的情况来看，1号窑这类产品数量有限，其规模不能与3号窑相比，显然无法满足桂州初唐以来佛教兴盛的需求。再结合"神"字碗足残片，3号窑与1号窑应是一脉相承的，初唐即已开窑。

其三，发掘简报判断3号窑年代的另一个依据是，出土释迦牟尼塑像的衣饰与桂林西山、伏波山的中、晚唐摩崖造像相似。但通过实地仔细观察比对，二者还是存在差异的。伏波山中、晚唐摩崖造像主尊佛衣为右袒半披式，而桂州窑出土的保存较为完整的3尊释迦牟尼佛像，无一例外都着右衽交领半披式佛衣，此着衣样式与日本唐招提寺鉴真和尚夹苎漆像的右衽交领偏衫非常接近[2]。

鉴真（687—763）生活的时代为盛唐与中唐之交，他是唐代佛教的律学大师，亦精于寺

---

① 莫休符：《桂林风土记》，中华书局，1985年，第9—10页。
② 费泳：《中国佛教艺术中的佛衣样式研究》，中华书局，2012年，第81页。

庙营造、造像艺术及医学。天宝年间，鉴真受日本遣唐使之邀，东渡日本传法。鉴真先后六次东渡，第六次才成功到达日本。唐天宝七年（748）春，鉴真第五次东渡日本时，因途中遇到风浪，船漂到海南岛，后从雷州半岛登陆，辗转来到桂州城：

> 大和上更与二师作方便，造舟、买香药，备办百物，一如天宝二载所备。同行人僧祥彦、神仓、光演、顿悟、道祖、如高、德清、日悟、荣叡、普照、思託等道俗一十四人，及化得水手一十八人，又余乐相随者，合有三十五人。
>
> ……
>
> 三日三夜便达雷州，罗州、辨州、象州、白州、佣州、藤州、梧州、桂州等官人、僧道、父老迎送礼拜，供养承事，其事无量，不可言记。始安都督上党公冯古璞等步出城外，五体投地，接足而礼，引入开元寺。初开佛殿，香气满城。城中僧徒擎幢，烧香唱梵，云集寺中。州县官人百姓，填满街衢，礼拜赞叹，日夜不绝。冯都督来自手行食，供养众僧，请大和上受菩萨戒。其所都督七十四州官人、选举试学人，并集此州，随都督受菩萨戒人，其数无量。大和上留住一年。①

上文所谓"备办百物，一如天宝二载所备"，即：

> 海粮……；兼将画五顶像一铺、宝像一铺、金泥像一躯、六扇佛菩萨障子一具、金字《华严经》一部、金字《大品经》一部、金字《大集经》一部、金字《大涅槃经》一部、《杂经论章疏》都一百部……袈裟一千领、褊衫一千对、坐具一千床……僧祥彦、道兴、德清、荣叡、普照、思託等一十七人，玉作人、画师、雕檀、刻镂、铸写、绣师、修文、镌碑等工手都百八十五人，同驾一只舟。②

鉴真随船携佛经、佛衣、工匠东渡日本，目的是往日本传经授法，但船遇风浪，漂到了海南岛，在海南岛留驻一年，后辗转到达桂州城，亦留驻一年。鉴真在两地登坛，讲律度人，舍物建寺，备办的"百物"大部分留在了今海南及桂林两地，其对两地佛教艺术之影响是可以想见的。桂州3号窑大量烧造的佛教艺术品、建筑构建之一部分或与鉴真有关。

有鉴于以上几点，桂州3号窑的时代，应可定在盛唐到中唐时期，其下限以武宗会昌灭佛为界。

---

① ［日］真人开元撰、梁明院校注：《鉴真和尚东征传》，商务印书馆、中国旅游出版社，2016年，第44—59页。
② ［日］真人开元撰、梁明院校注：《鉴真和尚东征传》，第22—23页。

五、结语

　　桂林佛教文化的研究起步较早，20 世纪 30 年代末，由于抗战形势恶化，大批学者内迁桂林，一部分学者开始关注桂林的文物古迹，如陈志良、罗香林等先贤即对桂林的佛教文化遗迹做了调查研究，为现代研究桂林佛教文化的先驱，学术上的创见泽被当代。桂州窑遗址的发现与发掘，特别是 3 号窑遗址出土的大量与佛教有关的遗物，为研究唐代早、中期桂林的佛教艺术，以及桂林佛教文化的源头、内涵及其在中国佛教文化史上的地位提供了重要的考古学材料。

原载《敦煌研究》2017 年第 6 期

桂州窑力士构件小考

□ 桂林市文物保护与考古研究院　张宗亚

一、桂州窑发现的力士构件

桂州窑窑址群位于桂林市雁山区柘木镇上窑村，为南朝晚期至北宋年间的窑址群。于 1965 年被发现，1988 年 7 月至 9 月间桂林博物馆对其中 3 座窑址进行了发掘，并编号为桂州 1、2、3 号窑。1998 年，窑址群被桂林市文物管理委员会公布为桂林市文物保护单位。2013 年至 2014 年，桂林市文物工作队对该窑址群进行了两次发掘。这件力士构件就是 2014 年在 Y2 南 TN02E01 探方中清理发现的（图一）。

此力士构件由力士像和背板构成，背板上方有一长方形榫孔，构件通高 16 厘米、宽 12.5 厘米、厚 5.5 厘米。力士方面丰颐，暴眼高鼻，撇嘴切齿，头向左侧微抬，戴发带，发带正中饰缨，两边各饰一圆圈饰物。上身袒胸露乳，腰间系一束带结于脐下，下着长裤，足登短靴。双掌向上，双臂屈举。左右上臂各饰一臂环，双腕各饰一箍。双腿前后作蹲屈状。整个造型夸张，充满活力。力士姿态似托举状，又似舞蹈状。尤其胸部肥硕，大肚肥臀，令人忍俊不禁之余又感生动活泼（图二）。

二、力士的源流

力士又称金刚力士、密迹力士。在佛教中有八大佛的护法鬼神，称"天龙八部"，分别是天众、龙众、夜叉、乾闼婆、阿修罗、迦楼罗、紧那罗、摩睺罗伽。其中的夜叉即为佛的护法神金刚力士。夜叉原为印度古神话中的一种小神灵，佛教发展过程中将其收入为天龙八部之一。"金刚"意为金属中最刚之义，拥有摧毁一切的力量，有去除惑业之障难、警觉众生等含义。金刚力士后成为保卫佛和佛法的卫士。

《大方广圆觉修多罗了义经》卷一中载：

尔时会中有火首金刚、摧碎金刚、尼蓝婆金刚等八万金刚，并其眷属，即从座起，

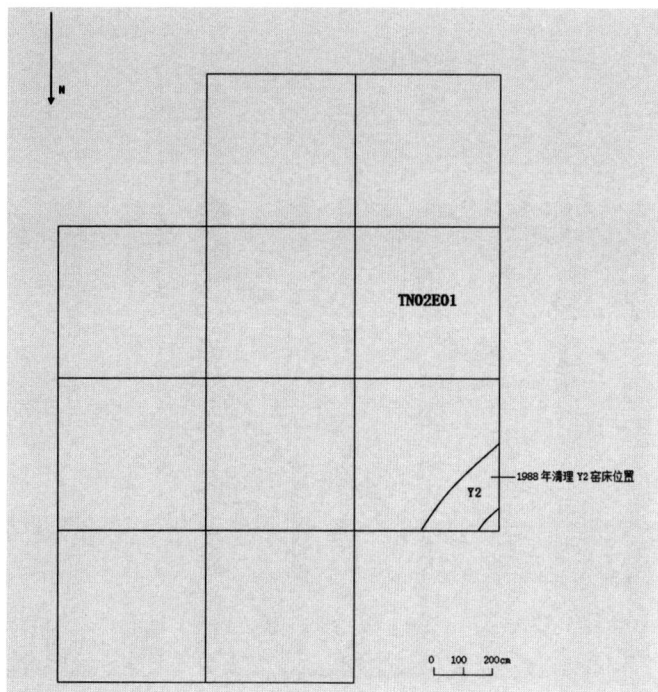

图一 2014 年度 Y2 南侧探方发掘示意图

顶礼佛足，右绕三匝而白佛言：世尊！若后末世一切众生有能持此决定大乘，我当守护，如护眼目。乃至道场所修行处，我等金刚自领徒众，晨夕守护，令不退转。其家乃至永无灾障，疫病消灭，财宝丰足，常不乏少。[1]

密迹力士常被认为是法意王子的化身。
《大宝积经》卷九中载：

法意太子曰："吾自要誓，诸人成得佛时，当作金刚力士，常亲近佛在外威仪，省诚如来一切秘要，常委托依，普闻一切诸佛秘要密迹之事，信乐受喜不怀疑结。"……其法意太子，则今金刚力士名密迹是也。[2]

《大宝积经》卷八载：

金刚力士名曰密迹，住世尊右，手执金刚……密迹所云有二事业，近于如来慧，仁

---

① 吴枫、宋一夫主编：《中华佛学通典》，南海出版公司，1998 年，第 370 页。
② 宗密、德清撰、于德隆点校：《圆觉经注疏》，线装书局，2016 年，第 307 页。

图二　桂州窑力士构件

能乐住宣于如来秘密之业，非诸声闻缘觉之地所得及逮……①

《入楞伽经》卷八载：

世尊复说诸识，念念差别不住，金刚密迹常随侍卫。②

至此，金刚力士之中又加入了由法意王子变化而来的密迹力士，又称密迹金刚。

按佛教经典所记载，力士来源于那罗延天。那罗延天梵语为 Narayana，意为坚固力士、钩锁力士、人中力士等，原为古印度神话中的毗纽天大力神。

《佛说法集经》卷三载：

那罗延，身金刚力士；为教化众生，降伏憍慢。③

---

① 吴枫、宋一夫主编：《中华佛学通典》，第 360 页。
② 李崇峰：《佛教考古：从印度到中国》，上海古籍出版社，2015 年，第 801 页。
③ 李崇峰：《佛教考古：从印度到中国》，第 802 页。

唐代慧琳《一切经音义》卷六那罗延条：

> 欲界中天名也，一名毗纽天。欲求多力者，承事供养，若精诚祈祷，多获神力也。[①]

《一切经音义》卷二十六《大般涅槃经音义》载：

> 那罗延，此云力士，或云天中，或云人中力士，或云金刚力士也，或云坚固力士。[②]

力士的另一来源是古印度鸠尸那城的末罗一族，鸠尸那城为末罗族聚集之地，"末罗"（Malla）意为"力士"。末罗族为刹利族的后裔，也以力强而为人所知。佛陀入鸠尸那城于双树间入般涅槃，由他们搬运佛陀之棺，于是鸠尸那城也被称作"力士生地"。后来广泛出现的承重、托举力士应以末罗为祖形。

依据上述文献记载，佛教当中的金刚力士主要来自古印度神话中的夜叉和那罗延天。此外，搬运佛陀棺椁的末罗族人亦被认为是力士的另外一种来源。

三、力士的造型、作用及分类

佛教中力士最早出现于中土大约是在 5 世纪下半叶左右，一般是以佛的护法形式出现。以唐代比较常见的"一铺九尊"塑像为例，它是由一佛、二弟子、二菩萨、二天王、二力士组成的。力士地位在九尊之中最低，常常位于石窟最外侧，面目狰狞，赤裸上身，手持金刚杵，起到威吓震慑的作用。这类力士作为佛护法正统威严，规制严格，有效地起到了阻挡外来入侵、守卫佛及佛法的作用。唐龙门石窟奉先寺力士，头戴冠，裸露上身，身着简单璎珞，下身着短裙，赤足，攒拳怒目，肌肉丰满，面目狰狞（图三，图四）。北魏敦煌莫高窟第 194窟正壁外南侧的金刚力士，裸露上身，下着短裙，肌肉凸起充满力量感，面目刻画亦恐怖狰狞（图五）。四川巴中唐代水宁寺石窟第 1 龛右侧力士采用夸张变形的造型技巧，有意夸大力士下肢张开的角度，面部造型十分暴戾恣睢，动作伸展夸张有力，肌肉粗犷健硕，造型效果上显示叱咤风云、咆哮如雷的艺术个性（图六）。

也有另类作负重状的力士，如有力士托弥勒双脚、托举莲座，在柱础等底部位置呈托举或承重状。形象相对上一类较温和憨态，动作夸张，肢体表现丰富，一般也赤裸上身，呈跪姿或屈蹲姿，一手托举、双手托举，或双手撑住下肢依靠肩背承重。5 世纪中期云冈石窟第 9

---

① 徐时仪校注：《一切经音义（三种校本合刊）》，上海古籍出版社，2012 年，第 600 页。
② 徐时仪校注：《一切经音义（三种校本合刊）》，第 947 页。

图三 龙门石窟金刚
力士像

图四 龙门石窟金刚力士像
局部

图五 敦煌莫高窟第194
窟金刚力士

图六 四川巴中水宁寺第1
龛金刚力士

图七 云冈石窟第9窟
力士像

图八 西藏托林寺无量寿
佛殿力士像

图九 南京仙林南朝梁萧宏墓
力士摹绘图

图十 河北正定寺力
士像

窟前室西壁佛龛之间下方力士，双腿半蹲分立，双手高举须弥坐台。力士团状卷发向上竖立，面容五官具有中亚民族特征，赤裸上身，下身着短裙，右臂上部系一飘带，体型粗短健壮，威风凛然（图七）。11世纪西藏托林寺无量寿佛殿中无量寿佛座下正中位置力士形象造型简洁，全身赤裸，双手和头部作托举佛座姿态，下肢蹲屈似"马步"状，眼睛刻画夸张，嘴角微上翘，耳饰硕大，四肢肌肉轮廓明显，显得威猛而充满力量（图八）。南京仙林南朝梁萧宏墓左石柱二力士紧挨莲花盖（已佚失）下绳辫纹，均以单手托举重物，其中一力士的另一只手叉在腰间。力士横头以脸贴住重物下沿，面带微笑，显得十分活泼诙谐（图九）。北宋河北正定寺石刻力士一手撑膝，一手扶胯，呈蹲跪状，肌肉线条异常有力。力士低头怒目撇嘴，用肩颈部承起重物，造型写实，刻画细腻生动，艺术表现十分到位（图十）。

另外在敦煌壁画中还有一类力士，或弹奏琵琶，或吹奏筚篥，或击腰鼓，或歌唱舞蹈。他们身体短粗，圆润健硕，赤裸上身，臂股缠巾，姿势均为半蹲状，形似侏儒，舞蹈动作激烈有力度。这类力士被称为"乐（舞）伎力士"。敦煌莫高窟开凿于西魏时期的第249窟壁画左侧力士演奏琵琶，中间力士吹奏筚篥，右侧力士为兽头人身作舞蹈状，整个壁画线条粗放、浑厚，使得力士形象生动，富有活力（图十一）。敦煌莫高窟开凿于北周时期的第296窟下层横带装饰中的两个力士似在表演雄放的劲舞，造型扩张有力，肢体语言彪悍威猛（图十二）。敦煌莫高窟第288窟作于西魏时期位于南墙下部西侧的力士，高鼻深目，嘴角有须，身体雄壮有力，舞蹈刚劲，西域式晕染使其肌肉更加突出（图十三）。同为敦煌莫高窟第288窟作于西魏时期位于北墙下侧的力士，也为西域式晕染而成，身体粗壮、结实，双臂动作幅度较大，肩上的飘带随着手臂的动作几度翻转、弯曲，给人以刚柔相济的视觉美感（图十四）。

综上所述，以上几种力士的功用大致可分三类：

（一）守卫佛及佛法。这类力士"凶暴""恐怖"的形象符合中国自古以来民间文化中所信奉的"以恶制恶""以毒攻毒"的信念。人们欲借助力士的"凶残""暴力"的一面去消除或对抗现实中所面对的（或臆想的）凶恶对手，以保自身的平安幸福生活。

（二）托举重物。这类力士一般托举着佛陀棺椁或须弥坐台等，扮演着佛陀忠实的拥护者和追随者的角色。

（三）乐舞表演。这一类力士以音乐演奏或舞姿娱乐佛陀及众生，以展示理想佛国的祥和美好与恢宏。

桂州窑出土的这件力士建筑构件在类别及功用上似乎与上述第二种或第三种相关。笔者也将在下文对其作详细的探讨和论述。

图十一　敦煌莫高窟第 249 窟乐伎
力士壁画

图十二　敦煌莫高窟第 296 窟
力士舞蹈壁画

图十三　敦煌莫高窟第 288 窟
南墙力士舞蹈壁画

图十四　敦煌莫高窟第 288 窟北墙
力士舞蹈壁画

四、关于桂州窑力士构件几个问题的探讨

（一）桂州窑力士构件图像学的解析

1. 桂州窑力士构件图像作为承重力士的理解

按照上文对力士形象简单的分类，此件桂州窑力士构件的形象表现为力士双手作托举状，侧颈抬头，暴目切齿，下肢蹲屈，似有托举重物的负重感，可以将其划分为承重力士类。承重力士通常在佛教图像中扮演托举佛祖、托举莲座，或托柱，或在塔基中作负重状。其来源的祖形应为鸠尸那城的末罗族。但在中国的文献中也有对本土力士形象的记载与描述。中国传统意义上认为的"力士"即孔武有力的勇士，战国秦汉时期即有"乌获"，汉至南北朝仍有"力称乌获"的说法。《史记·秦本纪》载："武王有力好戏，力士任鄙、乌获、孟说皆至大官。王与孟说举鼎，绝膑。八月，武王死。族孟说。"[①] 任鄙、孟说、乌获都是当时十分著名的大力士。《水经注·渭水》中载："秦始皇造桥，铁镦重不胜，故刻石作力士孟贲等像以祭之，镦

---

① 司马迁：《史记》，崇文书局，2009 年，第 36 页。

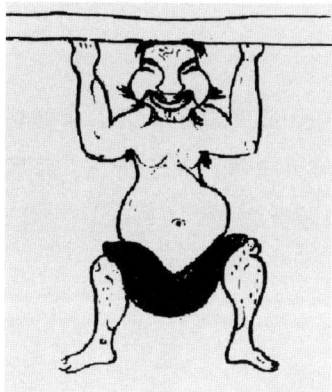

图十五　马王堆一号墓力士　　图十六　雅安高颐右阙力士　　图十七　青海平安县东汉墓画像砖力士

乃可移动也。"① 这说明当时已经将力士形象用于承重的建筑之中。做负重状的本土的"力士"从汉代开始出现，长沙马王堆一号墓出土的西汉帛画中有半裸、蹲踞、双手举物状力士（图十五），四川雅安东汉高颐右阙主阙楼四角副阙楼底部两角均有石刻负重力士造型（图十六）。青海平安县东汉墓出土画像砖有裸身、双腿下蹲、曲臂上举状负重力士像（图十七）。

　　这种负重力士像从魏晋南北朝时期开始增多，到唐宋时期达到极盛。但是对于桂州窑承重力士图像不能够单纯只从一方面去理解。中国早期承重力士的形象发展到魏晋南北朝时期与来自印度的佛教末罗力士因作用的相同而融合，佛教美术中力士像的汉化与古来象征力士的乌获像重合起来也是一个自然发展的过程。支撑、擎举是力量的象征，本土的乌获像与佛教美术中的力士像的密切关系并非是凭空虚构的。

2. 桂州窑力士构件图像作为乐（舞）伎力士的理解

　　这是对于此力士图像的另一种理解。有学者指出，桂州窑力士双手作托举状，双膝一前一后微屈，表情生动，肢体语言丰富活泼，似作舞蹈状。笔者认为这种理解也并不无道理。在敦煌壁画中确实有舞蹈造型的力士，被称作乐（舞）伎夜叉（力士）。佛教传入我国后，佛教歌舞与中土傩舞相结合产生一种叫力士舞的舞蹈形式。梁朝宗懔《荆楚岁时记》中载：

　　　　十二月八日为腊日。谚语："腊鼓鸣，春草生。"村人并击细腰鼓，戴胡头，及作金刚、力士以逐疫。②

---

① 陈桥驿：《水经注校释》，杭州大学出版社，1999年，第334页。
② 宗懔著、谭麟译注：《荆楚岁时记译注》，湖北人民出版社，1985年，第133页。

239

《魏书·奚康生传》亦载力士舞：

> 康生性骁勇，有武艺，……与元叉同谋，欲废灵太后。……正光二年三月，肃宗朝
> 灵太后于西林园，文武侍坐，酒酣迭舞。次至康生，康生乃为力士舞，及于折旋，每顾
> 视太后，举手、蹈足、瞋目、领首为杀缚之势。太后解其意而不敢言。[①]

《朝野佥载·补辑》亦有对金刚舞的记载：

> 隋末，深州诸葛昂，性豪侠，渤海高瓒闻而造之，为设鸡豚而已。瓒小其用，明日
> 大设，屈昂数十人，烹猪羊等长八尺，薄饼阔丈余，裹馅粗如庭柱。盘作酒碗行巡，自
> 作《金刚舞》以送之……[②]

现在青海、西藏地区，藏传佛教在大型法会及特殊节庆之时仍会跳金刚舞，祈求和平，保护众生远苦遇乐，消除烦恼。

通过文献及现在的青海、西藏民俗所观，力士（金刚）舞自南北朝至现今一直流传。文献中所载力士舞主要集中在南北朝至唐时期，且为结合傩舞的一种驱傩活动，达到驱鬼逐疫的作用。它亦有可能是当时民间比较流行的舞蹈。其描写的带胡头、举手、蹈足、瞋目等舞蹈动作表情，与桂州窑力士形象表现形式也颇为相近。据此推测，桂州窑力士构件所反映的舞蹈形象，有可能是唐朝流行的一种佛教与本地傩舞结合成的力士（金刚）舞。

（二）从桂州窑力士构件造型来看佛教汉化二重性的统一

佛教传入中国后，总体趋势就是世俗化。中国人对佛教的接受比较重视自身的需要，坚持为我所用，按照自己的理解去认识佛教。陈寅恪曾讲："释迦之教义，……与吾国传统之学说，存在之制度，无一不相冲突。输入之后，若久不变易，则绝难保持。是以佛教学说，能于吾国思想史上，发生重大久远之影响者，皆经国人吸收改造之过程。"[③]佛教自传入后，一方面被统治者用于维护王权，另一方面其自身也为适应中国文化而积极"入世"。就佛教的力士形象来说，一方面被塑造成高大威严、狰狞有力的造型，营造庄严神圣的气氛，起到镇窟护法、威慑邪灵的作用，也唯有如此才能烘托出佛与众圣的不凡地位，才会使信徒众生在佛圣面前感觉到自己的渺小而五体投地地顶礼膜拜。另一方面，乐（舞）伎力士的出现又显现出佛教"入世"的人性化和贴近生活的一面，这种世俗化样式的力士无疑带有一定的娱乐性。

---

① 孙景琛总主编：《中国乐舞史料大典·杂录编》，上海音乐出版社，2015 年，第 194 页。
② 郭超主编：《四库全书精华·史部》（第三卷），中国文史出版社，1998 年，第 2093—2094 页。
③ 陈寅恪：《陈寅恪史学论文选集》，上海古籍出版社，1992 年，第 511 页。

桂州窑出土的这件力士形象手舞足蹈，肢体语言诙谐生动，面目表情丰富，似在表演力士舞。这种乐（舞）伎力士的表演，在宗教意义上来说是娱乐佛陀圣众的，在世俗意义上讲是取悦瞻礼佛陀的善男信女和观像念经修持的沙门僧众的。为了调和力士这种庄严的护法性与轻松的娱乐性之间的矛盾，桂州窑窑工们匠心独运，通过塑造力士面目典型的狰狞特征和肢体憨态诙谐的舞蹈动作，把力士的护法性和娱乐性完美地结合在一起，并用高超的艺术形式表现出来，将力士从高高在上的神坛位置拉回到了人间。

（三）桂州窑力士构件与西庆林寺的关系

唐宋时期的西庆林寺位于现桂林市西山公园内。1983年，桂林市文物工作队对其旧址进行了试掘，出土有绳纹砖、绳纹瓦、素面筒瓦、板瓦、莲瓣纹瓦当、武士（天王）俑及佛、菩萨人物砖、方形莲花地砖，同时还有唐宋之间的大量石质建材，以及生活用具青瓷碗、碟等。虽暂未有力士构件出土，但所出土的建筑构件及佛教器物均与桂州窑烧造的此类器物一致。此件力士构件与武士（天王）俑构件在2014年桂州窑Y2南清理过程中处于同一区域，且都带穿孔背板，艺术造型风格一致，因此可以基本认定，此力士构件是当时桂州窑为西庆林寺烧造的带有镶嵌性质的建筑构件。

五、小结

桂州窑是一处与桂林佛教兴衰有密切关系的窑址，出土了大量与佛教有关的器物。此件力士构件无论从佛教内涵还是艺术表现力上，都堪称桂州窑陶瓷作品中的一件精品。巫鸿教授曾说："研究宗教艺术包括佛教石窟绘画有一个总的原则，即单体的绘画和雕塑形象必须放入其所在的建筑结构与宗教仪式中去进行观察。"[①] 笔者认为，要理清桂州窑力士构件图像的含义，应该将其放到其所在的大背景当中去理解，不仅要从其出土地点桂州窑和密切与其相关的西庆林寺等更多的考古资料中去比较，更要从当时整个唐代佛教汉化的时代背景中去揭示其图像意义。笔者限于对力士的文献及佛教美术了解浅显，未能论证更深层次的问题，借此拙文抛砖引玉，文中有纰漏错误也请诸位方家不吝指正。

原载《桂林博物馆文集（第三辑）》（2016年）

---

① ［美］巫鸿：《礼仪中的美术：巫鸿中国古代美术史文编》（下卷），生活·读书·新知三联书店，2005年，第352页。

广西桂林窑的早期窑址及其匣钵装烧工艺

□ 桂林市文物商店　李　铧

从桂林市沿漓江南下约 5 千米，西岸旧名瓦窑，这一带有瓦窑、窑头、上窑、下窑等几个村落。从地名推测，附近应曾有过一段瓷窑业昌盛的时期。20 世纪 60 年代自治区文物普查时曾在这里发现一处唐代窑址。笔者于 1988 年上半年间 5 次到这里调查，发现了隋唐时期的青瓷窑址多处，并采集了不少陶瓷器和窑具的残片标本。现将已知烧造年代最早的一处青瓷窑大窑窑址的情况简述于后。

一、窑址及出土遗物

窑址在一现约高 6 米、宽 10 多米、长近 100 米的长条形土坡的北端，为一斜坡式龙窑，窑门朝北，当地群众称之为大窑。瓷片在从坡顶至坡底的耕土层中随手可得。地下堆积丰富。地面采集的瓷器和窑具标本均为高岭土制成。胎色灰或灰白，火候较高，烧结度好，胎质坚硬致密。胎体可见少量白色斑点，在放大镜下观察，这些细小斑点上有光泽，似为石英砂粒。胎上不施化妆土。瓷器釉色青中泛绿，光亮润泽，有时呈现青黄、青灰或青酱色；施釉均匀，上有细开片，很少有聚釉和垂流现象。

（一）瓷器

碗（杯） 分 4 式（图二）。

Ⅰ式，直口，部分微内敛，平、圆沿，深弧腹，饼足，内壁满釉，器外施釉过半。腹下部与足连接处有一道规整的旋削平面。饼足底为旋切断面，有同心圆旋断纹，底面平或微凹。胎质细腻，制作规整。小为杯，大为碗，内心均无支钉痕。高 6—9.5 厘米、口径 6—14 厘米（图一，1、2）。

Ⅱ式，口微内敛，除部分器内刻有莲纹外，其他特征均与Ⅰ式同（图一，3）。

Ⅲ式，直口，平沿，浅弧腹或圆折腹，腹下部与足连接处亦有一道规整的旋削平面，饼足，足底多微凹。胎质比Ⅰ、Ⅱ式略粗，仅口下部分施釉一周。高 4—8 厘米、口径 8—18 厘米（图一，4）。

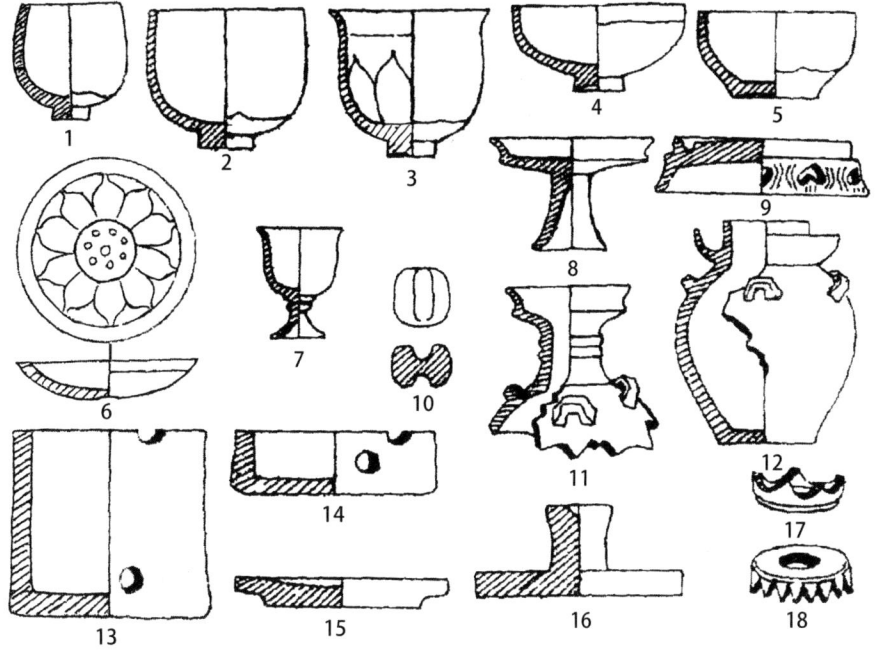

图一　桂林窑产品及窑具

1、2. I式碗
3. II式碗
4. III式碗
5. IV式 I 碗
6. 盘
7. 高足杯
8. 高足盘
9. 砚
10. 网坠
11. 盘口壶
12. 檐口坛
13、14. 匣钵
15. 匣钵盖
16. 垫托
17、18. 垫饼

IV式，敞口，腹弧折，平底。内壁满釉，器外施釉过半。部分底面微凹，上有绳索勒断痕。高 3.8—6.5 厘米、口径 8—15 厘米（图一，5）。

盘　坦腹，小平底微内凹。内满釉，外施釉过半。部分内壁刻划莲纹。高 3—4 厘米、口径 13—18 厘米（图一，6）。

高足杯　直口或敞口，深腹，竹节状喇叭形高圈足。内外满釉。高 7—8 厘米、口径 5.5—7.5 厘米（图一，7）。

高足盘　口外侈，盘下沿有凸起折棱，喇叭形高圈足。内满釉，外施釉不及底。高 8.5—10.5 厘米、口径 10—17 厘米（图一，8）。

砚　圆形辟雍砚。有镂孔刻划纹圈足、水滴足、扁三角形刻划纹足多种。高 5 厘米、直径 19 厘米（图一，9）。

炉　个体不大，有四蹄足。

网坠　扁圆体，两面中心均有压成的弧形凹博，未施釉（图一，10）。

罐　直口丰肩，肩部有六系，鼓腹，平底。外施釉过半。

盘口壶　盘口，短颈，丰肩，肩上横置四个桥形系。器形及高度不明。仅盘口内外施釉（图一，11）。

檐口坛（泡菜坛）　内口略高于外檐口，丰肩，鼓腹，平底。横置桥形系，有四系和双系两种。胎体厚重，部分器内施釉，外施釉过半。高 24 厘米、内口径 9.6 厘米、腹径 20 厘米（图一，12）

图二 桂林窑瓷碗

1. Ⅳ式碗 2. Ⅲ式碗 3—10. Ⅰ、Ⅱ式碗

钵 敛口，鼓腹，下半部特征不明。口、肩部各有 3 道四弦纹。

（二）窑具

匣钵 圆筒形，口沿有 2—4 个弧形缺口，近底处有一手指粗的圆孔。高 6—24 厘米、直径 18—24 厘米（图一，13、14；图三，1—3）。

匣钵盖 圆饼形，直径大小与匣钵配套。上面中心内凹；下面平，可与匣钵扣合（图一，15；图三，4）。

垫托 圆饼形，中心凸起一圆形支柱，倒置呈蘑菇状。可相互叠放使用，也可作匣钵盖用。高 10 厘米、直径 24 厘米、柱径 8 厘米（图一，16；图三，6、7）。

垫饼 小圆饼形，轮制。有两种，一种边缘凸起处有浅锯齿 4—6 个；另一种中心有圆孔，边缘有尖锯齿 10—16 个。高 1.5—2.5 厘米、径 6—8.5 厘米（图一，17、18；图三，5）。

二、匣钵装烧与制造工艺

在近窑门的窑室前部，分布着檐口坛、盘口壶等形体较大的瓷器，多因窑温过高而变形或粘连，所施青釉也多因此发生泛黑、起泡和流淌不匀的现象。中小件的碗杯类瓷器则多装烧在窑室的后部，成品率较高，釉色青绿光亮。部分瓷器因温度不够而出现"生烧"，胎多呈砖黄色或局部砖黄色，吸水性较强，釉色泛灰，无光泽，且易脱落。

从窑内遗留的残件看，匣钵装烧分为一钵一件和一钵内叠装多件两种。叠装多件的，底

图三　桂州窑窑具

1—3. 匣钵
4. 匣钵盖
5. 垫饼
6、7. 垫托

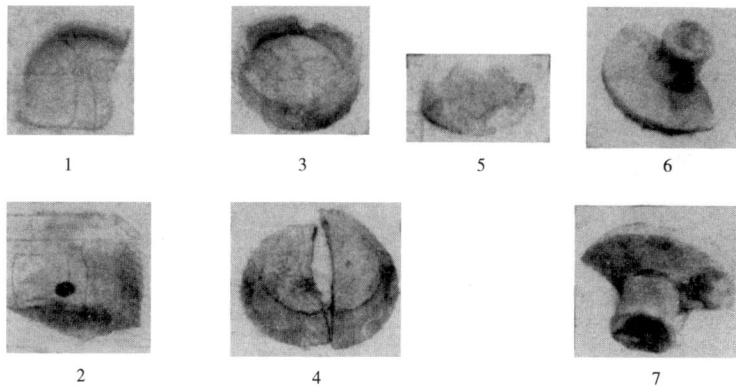

图四　桂州窑装烧方法

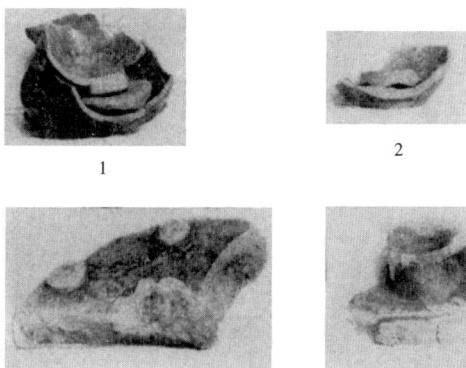

层多是仅在口沿施釉、叠置后不易粘连的Ⅲ式碗，其上叠放Ⅳ式碗，加上齿状垫饼后，再叠放Ⅰ式碗，最后盖上匣钵盖。如用垫托作盖，在托柱周围还可放置5—6个Ⅰ式小碗（杯）。同样的匣钵层层重叠（图四、五、六）。这种将瓷器搭配装烧的情况，说明此窑在当时已具备了比较合理的装烧工艺和技术。已知最早使用匣钵装烧技术的是湖南的湘阴窑及江西的丰城窑。桂林窑的调查表明，它也是较早使用匣钵的瓷窑之一。特别值得提出的是，垫托这种窑具的使用，是桂林窑在叠烧工艺上的一项创新。用一件垫托可使5—6件瓷器在同层高度放置，并能层层叠装。器物既不相互挤压，又避免了支钉痕损坏器内釉面。这种方法使窑室空间得到充分利用，使每窑精细小碗杯的装烧量比原来提高了十多倍。

在大窑窑址采集的器物中，直口深腹饼足碗是南北朝至隋代较多见的。河北赞皇东魏李希宗墓①、安徽合肥西郊隋开皇六年墓②、河南安阳隋开皇九年宋循墓③中均有出土，江西丰城

①　李晋栓、李新铭、何建武、唐云明：《河北赞皇东魏李希宗墓》，《考古》1977 年第 6 期。
②　胡悦谦：《合肥西郊隋墓》，《考古》1976 年第 2 期。
③　安阳县文教局：《河南安阳隋墓清理简记》，《考古》1973 年第 4 期。

图五　桂林窑垫托装烧示意图

图六　桂林窑匣钵、垫托重
叠装烧示意图

窑[1]、山东曲阜宋家村窑[2]及淄博寨里窑[3]南北朝至初唐的产品中也都可见到。Ⅲ式碗和坦腹盘的器形与湖南湘阴窑的产品基本一样，Ⅲ式碗在安徽合肥隋开皇三年张静墓[4]中也可见到。高足盘、高足杯、圈足和多足砚、桥形六系罐与湘阴窑和丰城窑的相似。齿状垫饼在江苏宜兴晋窑中已见使用[5]，此处发现的垫饼与湘阴窑、丰城窑和淄博寨里窑的非常接近。在器物装饰风格上，桥形系与上述诸多器形一样具有南朝至隋代的风格，刻划莲纹也为东晋至南朝所常见。但未见隋代常用的压印纹饰。由此推断桂林窑可能始烧于南朝后期，盛于隋代。标本中未发现唐代典型器形，表明此窑的终烧时间约在隋代，最迟至唐初。至于此窑准确的烧造年代及有关问题，还有待于今后的发掘清理工作做进一步说明。

自秦代开凿的灵渠沟通湘、漓水系以后，桂林地区的文化、贸易等都得到了发展。东吴甘露元年（265）在此置始安郡，唐武德四年（621）改桂州总管府。从桂林窑产品的特征大多与湘阴窑相仿推测：南朝时期，湘阴窑的工匠溯湘江而上，经灵渠入漓江，到桂林地区创建了新的窑场。因此，桂林窑的始烧时间应比湘阴窑稍后。它是广西境内迄今发现的最早使用匣钵的青瓷窑场。

本文得到张浦生、韦仁义两位先生的审阅指导，谨此致谢。　原载《文物》1991年第12期

本文得到张浦生、韦仁义两位先生的审阅指导，谨此致谢。

原载《文物》1991年第12期

---

① 江西省历史博物馆、丰城县文物陈列室：《江西丰城罗湖窑发掘简报》，文物编辑委员会编《中国古代窑址调查发掘报告集》，文物出版社，1984年。

② 宋百川、刘凤君、杜金鹏：《曲阜宋家村古代瓷器窑址的初步调查》，《景德镇陶瓷》1984年总第26期。

③ 山东淄博陶瓷史编写组、山东省博物馆：《山东淄博寨里北朝青瓷窑址调查纪要》，文物编辑委员会编《中国古代窑址调查发掘报告集》。

④ 袁南征、周京京：《合肥隋开皇三年张静墓》，《文物》1988年第1期。

⑤ 宜兴陶瓷公司《陶瓷史》编写组：《江苏宜兴南山六朝青瓷窑址的调查》，文物编辑委员会编《中国古代窑址调查发掘报告集》。

论东亚伞状支烧具的技术体系及始源地问题
——兼谈岳州窑和桂林窑的关系

□ 湖南省文物考古研究所　杨宁波

　　伞状支烧具是为了扩大产品装烧容量而产生的一种复合型窑具，因在北宋德化窑大量使用而引起学者的注意。其形制呈伞状，故名之为伞状支烧具[①]。而后，熊海堂先生在做东亚窑业技术交流研究时，进一步揭示出伞状支烧具在中日窑业技术交流与传播方面的重要学术意义。他发现，德化窑从北宋开始流行的独特的伞状支烧窑具集中分布在福建德化县和与福建交接的广东大埔县，并且在17世纪的日本本州山口县萩烧等地的鸡笼窑也开始使用。中日之间可能存在鸡笼窑＋伞状支烧具这一窑业技术的传播[②]。此后，四川的考古工作者在发掘邛崃窑等窑址时注意到，有多处窑址出土有与伞状支烧具装烧方法类似的窑具[③]。同时，他们还注意到了河北邢窑的隋代蘑菇状窑具也应属于伞状支烧具体系。最近，周世荣、周晓赤先生所著《岳州窑》[④]一书中公布了湘阴马王堪隋代龙窑出土的支架类窑具，从窑炉内的出土情况及支架的形制结构来看，这应属于伞状支烧具。至此，邢窑、邛崃窑以及岳州窑的伞状支烧具均出现于隋代，正处于熊海堂先生所认为的伞状支烧具的起始阶段，这不得不让我们重新思考中国伞状支烧具的起源地问题。本文在以往学者研究成果基础上，结合最新的考古材料，对伞状支烧具的起源地及技术体系进行了分析，不当之处，请方家指正。

---

① 曾凡：《关于德化窑的几个问题》，中国硅酸盐学会编《中国古陶瓷论文集》，文物出版社，1982年。

② 熊海堂：《东亚窑业技术发展与交流史研究》，南京大学出版社，1995年，第246页。

③ 成都文物考古研究所、都江堰市文物局：《2007年玉堂窑遗址调查报告》，成都文物考古研究所编著《成都考古发现（2007）》，科学出版社，2009年；成都文物考古研究所、都江堰市文物局：《2007年玉堂窑遗址六号窑包试掘简报》，成都文物考古研究所编著《成都考古发现（2007）》；成都文物考古研究所、都江堰市文物局：《2007年四川都江堰玉堂窑遗址17号窑包试掘简报》，成都文物考古研究所编著《成都考古发现（2007）》。

④ 周世荣、周晓赤：《岳州窑》，湖南美术出版社，2011年。

一、东亚伞状支烧具的发现

（一）岳州窑出土的伞状支烧具

岳州窑[①]位于湖南湘阴窑头山、白骨塔、窑滑里一带，始烧于西晋或略晚，兴盛于南朝至隋代，中晚唐时期逐渐衰落[②]。此后，其技术体系被兴起的釉下彩瓷窑口长沙窑继承。生活于盛唐至中唐时期的陆羽在其《茶经》中对岳州窑作了高度评价，认为"越州瓷、岳瓷皆青，青则益茶"[③]。而岳州窑早在南朝时期就已享有很高的地位,曾为南朝都城建康烧制"贡瓷"[④]。

岳州窑发现的伞状支烧具出土于湘阴马王堪隋代龙窑。该龙窑窑床底部保存有排列有序的匣钵和伞状支烧具，支烧具高 8.5 厘米，由上部的圆柱形支垫和下部的圆饼形支托构成，圆饼形支托的直径 38 厘米[⑤]（图一，1）。

（二）桂林窑出土的伞状支烧具

桂林窑位于今桂林市南郊柘木镇上窑村，被发现于 1965 年，1988 年桂林市文博部门抢救性清理了两处窑炉基址，并证明它创烧于南朝晚期，盛于隋唐，而衰于北宋[⑥]。桂林窑发现的伞状支烧具见于 1 号窑[⑦]，其伞面直径 24 厘米、中间柱径 8 厘米、高 10 厘米（图一，3、4）。一件伞状支烧具可绕中间圆柱放置 5—6 件小型瓷器，并能层层叠装。它与匣钵叠装配合可以扩大窑炉的装烧容量[⑧]。

（三）邛窑窑系发现的伞状支烧具

邛窑是四川地区著名的民窑，其窑场遍布长江支流的岷江、沱江、涪江流域，典型窑场有邛崃固驿瓦窑山窑、邛崃十方堂窑等。邛窑窑系所发现的伞状支烧具最早出现于隋代，包

---

① 目前学术界对岳州窑的称呼不一，有将南朝至隋代的阶段称为湘阴窑，而将唐代的阶段称为岳州窑者，如叶喆民先生；也有将西晋、南朝的湘阴窑、唐至五代的长沙窑，以及宋代的湘阴白梅窑统称为岳州窑者，如周世荣先生。本文将西晋、南朝至隋唐阶段统称为岳州窑，原因是西晋至隋唐时期的岳州窑是一个连续的发展阶段，只是在唐代因为地处岳州而名之为岳州窑。对于窑址命名的问题可参看黄义军：《考古学文化命名原则对古代瓷窑遗址命名方式的启示》，《考古与文物》2012 年第 1 期。

② 周世荣、周晓赤：《岳州窑》。

③ 陆羽《茶经》（卷中），宋百川学海本。

④ 周世荣、贺云翱等诸位学者都持这种观点。周世荣、周晓赤：《岳州窑》；贺云翱：《南朝"贡瓷"考——兼论早期"官窑"问题》，《东南文化》2012 年第 1 期。

⑤ 周世荣、周晓赤：《岳州窑》，第 44 页。

⑥ 曾少立、韦能卫：《广西桂州窑遗址》，《考古学报》1994 年第 4 期。

⑦ 桂林窑出土的伞状支烧具出土于初唐文化层，时代可早至隋代。

⑧ 李铧：《广西桂林窑的早期窑址及其匣钵装烧工艺》，《文物》1991 年第 12 期。

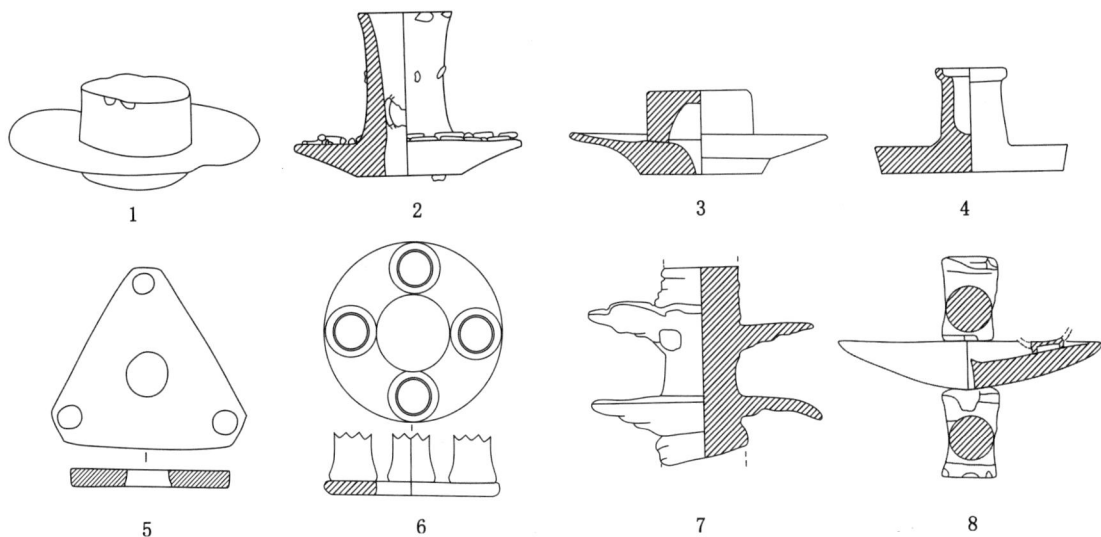

图一　东亚伞状支烧具

1. 岳州窑　2. 邢窑　3、4. 桂林窑　5、6. 邛崃固驿瓦窑山窑　7. 德化窑　8. 日本荻烧窑

括固驿瓦窑山隋代窑址[1]和隋代崇州天福窑[2]。两宋时期，邛窑窑系逐渐扩大到都江堰玉堂窑[3]、都江堰市灌县窑[4]等。邛窑窑系发现的伞状支烧具由三角形垫板和窑柱组成，垫板有边长 23.6 厘米和 20 厘米等规格，垫板中部有一圆形穿孔[5]（图一，5、6）。

（四）邢窑出土的伞状支烧具

邢窑位于河北省内丘、临城一带，典型窑场有临城祁村窑和内丘城关窑，时代从北朝后期至五代。

---

[1]　四川省文物管理委员会、四川省文物考古研究所、四川省邛崃县文物管理所：《四川邛崃县固驿瓦窑山古瓷窑遗址发掘简报》，四川大学博物馆、中国古代铜鼓研究学会编《南方民族考古（第三辑）》，四川科学技术出版社，1990 年；陈显双、尚崇伟：《邛窑古陶瓷简论——考古发掘简报》，耿宝昌主编《邛窑古陶瓷研究》，中国科学技术大学出版社，2002 年。这里需要说明的是邛窑的典型窑场之一固驿瓦窑山窑始烧于南朝，其鼎盛期为隋代，初唐时衰落，而此窑址发现的伞状支烧具都属采集品，其年代能否早到南朝末年还很难说。

[2]　成都文物考古研究所、崇州市文物管理所：《四川崇州公议镇天福窑址考古调查简报》，成都文物考古研究所编著《成都考古发现（2008）》，科学出版社，2010 年。

[3]　成都文物考古研究所、都江堰市文物局：《2007 年玉堂窑遗址调查报告》，成都文物考古研究所编著《成都考古发现（2007）》；成都文物考古研究所、都江堰市文物局：《2007 年玉堂窑遗址六号窑包试掘简报》，成都文物考古研究所编著《成都考古发现（2007）》；成都文物考古研究所、都江堰市文物局：《2007 年四川都江堰玉堂窑遗址 17 号窑包试掘简报》，《成都考古发现（2007）》。

[4]　四川省文物管理委员会、灌县文物管理所：《四川灌县古瓷窑遗址试掘简报》，文物编辑委员会编《中国古代窑址调查发掘报告集》，文物出版社，1984 年。

[5]　成都文物考古研究所、都江堰市文物局：《2007 年玉堂窑遗址六号窑包试掘简报》，成都文物考古研究所编著《成都考古发现（2007）》。

邢窑从隋代开始使用伞状支烧具①。这一时期邢窑的产品以粗瓷为主,其次是青瓷、白瓷、黄釉瓷和精细白瓷等。窑具有窑柱、支钉和筒状匣钵,其中伞状支烧具和喇叭形窑具使用最广。伞状支烧具是烧制粗瓷碗、杯类器物的专用窑具,一直沿用至晚唐时期(图一,2)。

(五)德化窑出土的伞状支烧具

德化窑位于福建省德化县,始烧于宋,盛于元明,衰于清,典型窑场有碗坪仑窑、屈斗宫窑、祖龙宫窑等。德化窑发现的伞状支烧具在碗坪仑窑窑址北宋时期文化层中出土65件,是专为烧制各类盒子而设计的,有的盘上尚保留有放置盒子的痕迹,有的还和盘粘在一起。托柱的高低主要依据器物来决定,其中一件残高26厘米、盘径30厘米、柱高6厘米、柱径9—12厘米②(图一,7)。值得注意的是,此窑出土匣钵甚少,窑炉的结构为鸡笼窑。

(六)江山碗窑出土的伞状支烧具

江山碗窑位于浙江省江山市。江山碗窑从元代开始使用伞状支烧具,用于装烧瓷盏等小件器物,由盏形托具和直筒形垫圈组成。该窑还用漏斗状匣钵③装烧器物,窑炉的结构为分室龙窑。该窑的青白瓷印花盒等器物与德化碗坪仑窑的下层风格非常相似。两地的青白瓷盒都采用伞状支烧具装烧。碗窑的分室龙窑与德化碗坪仑窑址的分室龙窑结构相似。很显然,江山碗窑的伞状支烧具是从福建德化窑传入的。

(七)日本出土的伞状支烧具

伞状支烧具在日本出现于17世纪后期,集中在本州岛西部的山口县萩烧一个地点(图一,8),18世纪后期才开始扩散④,19世纪扩大到山口县的其他地区。目前山口县发现的椿东中之仓坂窑、阿武郡阿武町窑、玖珂郡周东町窑、熊毛郡大和町窑、丰北町栗野小迫窑、丰北町田耕字原窑等都曾使用伞状支烧具。九州地区也已发现大分县臼杵市寺尾窑、宫崎县延岗市小峰窑、熊本县人吉市窑、佐贺县长与窑也使用同样的窑具。

在日本山口县保留了一批较为完整的鸡笼窑遗址,其中山口县长门市大字深川汤本字三濑西窑最为完好。该窑长29.8米、宽4.38米、高3.52米,窑身以乱石块混土筑造,8室连房。窑内伞状支烧具保存12层堆摞的原状,其他附属窑具有垫饼加4支点和少量直筒匣钵。该窑

---

① 河北省文物研究所、内丘县文物保管所、临城县文物保管所:《邢窑遗址调查、试掘报告》,刘庆柱主编《考古学集刊(第14集)》,文物出版社,2004年。

② 福建省博物馆:《德化窑》,文物出版社,1990年。

③ 浙江省文物考古研究所、江山市博物馆:《江山碗窑窑址发掘报告》,浙江省文物考古研究所编《浙江省文物考古研究所学刊》,长征出版社,1997年。文中称之为"塔式"组合窑具。

④ 熊海堂:《东亚窑业技术发展与交流史研究》,第294页。

以烧造陶器与杂器为主^①。

二、伞状支烧具的技术体系

从伞状支烧具的形态特征、窑业技术体系等方面，可将其分为三个分支：

第一支是南方龙窑技术体系下的伞状支烧具，以岳州窑、桂林窑、德化窑及日本的萩烧窑为代表。这一支的伞状支烧具在不同历史发展阶段、不同的窑炉体系中不断得到完善。一是隋代岳州窑和桂林窑时期，伞状支烧具在平焰斜底龙窑或分室阶梯龙窑的"早期阶段"环境下与匣钵装烧方法搭配使用（图二，1）。二是到了福建德化窑时期，伞状支烧具在分室龙窑、阶级窑、鸡笼窑等多种窑炉环境下均有使用（图二，3、4）。

第二支为北方马蹄形窑技术体系下的伞状支烧具，目前仅发现于河北的邢窑。这种支烧具是邢窑隋唐时期烧制粗瓷的主要装烧工具。据毕南海等学者对邢窑窑址遗留的窑具及其制品残件粘连物的研究得知，这种窑具的使用方法是，在平整的窑炕上稳置好盘状窑柱座，在其顶端粘上泥条，按上一节窑柱，在第一节窑柱上也放一圈泥条，再放一节窑柱座，视窑内高度放二到三层。上面的盘状窑柱较下面的要薄些、轻便些，以减轻器物对下面的压力。而后将器物坯体下方粘土上泥条稳置在窑柱座上面，逐渐叠置，以三角垫片间隔（图二，2）。整个窑柱及器物均置于明火中一次烧成^②。

第三支是西南地区的伞状支烧具，以四川邛窑的三角或圆形垫片与窑柱组合为代表。这种窑具首先发现于隋代的邛崃固驿瓦窑山窑，两宋时期扩散到灌县窑、玉堂窑等，在四川地区沿用的时间较长。使用时，窑柱正立于窑床面，将柱体的上端穿于三角垫板圆孔内，保持平衡后在垫板的拐角位置分别摞放坯件，或先放一枚泥饼后再置坯件，然后用另一个窑柱的下端与其下窑柱上端相套，并依上述方法再安放垫板、泥饼和坯件，由此重叠数层^③。

可以看出，这种垫板和窑柱组合而成的伞状支烧具所达到的效果与其他两支相类，但形态特征及装烧方法等方面又与以上两个体系有所差别，具体表现在以下几个方面。第一，邛崃固驿瓦窑山窑隋唐时期窑址所出土的伞状支烧具除了仰烧外，还呈现出另外一种叠烧方法，即覆烧法叠烧（图一，6）。它与前者区别是垫板上先放几枚齿状支钉，然后将碗等坯件倒扣至支钉上^④。这与其他两支的仰烧法叠烧属于完全不同的装烧方法。第二,承载器物的垫片中间

---

① 熊海堂：《东亚窑业技术发展与交流史研究》，第 294 页。
② 毕南海、张志忠：《邢窑装烧方法的研究》，《河北陶瓷》1989 年第 2 期。文中称此为窑柱座支钉架烧法。
③ 成都文物考古研究所、都江堰市文物局：《2007 年玉堂窑遗址六号窑包试掘简报》，成都文物考古研究所编著《成都考古发现（2007）》。文中称之为垫板和支柱配合装烧法。
④ 陈显双、尚崇伟：《邛窑古陶瓷简论——考古发掘简报》，耿宝昌主编《邛窑古陶瓷研究》，第 243 页。这种覆烧方法反映出了外来伞状支烧具技术与本地覆烧技法的融合。

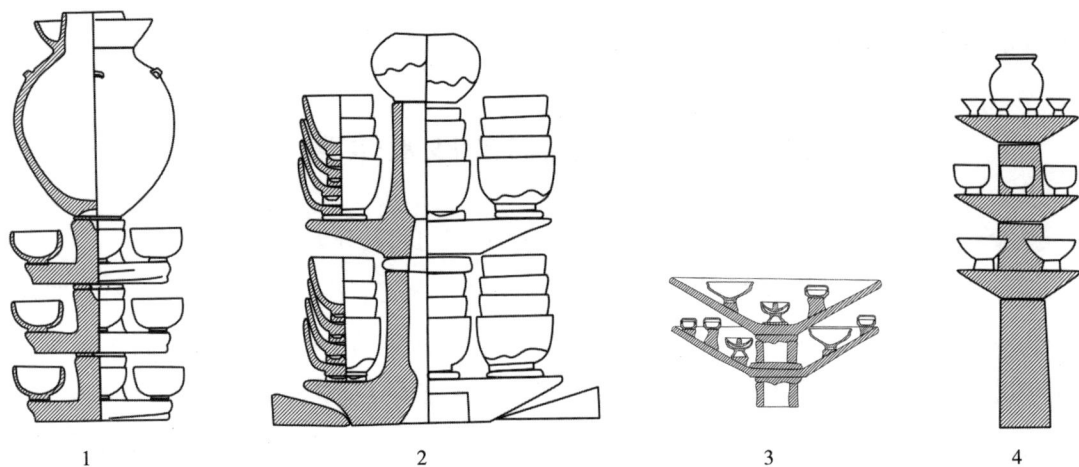

图二　伞状支烧具装烧示意图

1.桂林窑　2.邢窑　3.江山碗窑　4.日本荻烧窑

有圆孔用以贯穿于窑柱之上。这一形态特征及做法仅见于四川地区的窑场。这种支烧具由垫板和窑柱组合而成，且垫板有三角形和圆形两种，垫板上下两面均呈水平状，这与其余窑口均有所不同。

　　尽管伞状支烧具形态略有差异，但使用功能上存在着高度的一致性，即充分利用窑内空间，达到提高产量的目的。同时，其伞面可部分起到遮挡釉灰的功效。这种伞状支烧具在不同时期不同窑业体系下呈现出多种多样的组合搭配方式，比如桂林窑、岳州窑伞状支烧具与筒状匣钵搭配使用的情况，以及邛崃窑结合自身技术传统所创造的伞状支烧具覆烧等情况。它们均体现了窑业工匠对同一技术的不同程度的理解、取舍和创新。

三、伞状支烧具的始源地分析

　　如前所述，邛窑、邢窑、桂林窑以及岳州窑的伞状支烧具都可早至隋代。这其中，桂林窑和岳州窑的伞状支烧具形态最为接近。桂林窑、德化窑、日本萩烧窑的伞状支烧具的起源地是哪里呢？这要从岳州窑和桂林窑之间的关系说起。

　　关于岳州窑和桂林窑之间的关系，广西学者李铧早于20世纪90年代在其《广西桂林窑的早期窑址及其匣钵装烧工艺》一文中认为，桂林窑是岳州窑的窑工南下所创建的另一处窑场。此后，论及桂林窑技术来源的文章多认同这一观点 ①。那事实是否如此？接下来我们便从

---

① 　黄玉洁 :《岭南地区六朝墓葬出土青瓷器研究》，中山大学 2009 年硕士论文；王新天 :《中国东南海洋性瓷业发展史》，厦门大学 2007 年博士论文。

不同层面对二者做系统对比分析，从而进一步验证它们的关系，并探讨桂林窑伞状支烧具的来源问题。

首先，在器物组合和形制方面，岳州窑的产品种类多样，而桂林窑的产品相对来说要略微单一，比如岳州窑生产的动物及人物俑在桂林窑极其少见。另外，桂林窑的产品组合在岳州窑基本都能见到。在器物形制方面，桂林窑的组合印花高足盘、莲花纹平底盘、高足杯等器物形制与岳州窑极其相似（图三）。

其次，在装饰纹样方面，岳州窑南朝至隋代流行几何纹及印花装饰。尤其是在隋代，印花非常盛行，普遍用于高足盘内底及洗、唾壶、盘口壶、罐的腹壁等。印花纹样包括莲花纹、草叶纹、团花纹等。大都是几种纹饰相间，均匀分布。基本格式是以盘心为基点向四周作放射状排列[1]。桂林窑的产品以素面青釉为主，少量盘和碗的内壁也有印花纹样，而纹样的内容与岳州窑非常相似（图四）。

再次，从窑炉技术这一深的层面来看，岳州窑的窑炉形制为龙窑。1997年湖南省文物考古研究所与湘阴县博物馆对马王堪窑区进行发掘，清理出1座隋代龙窑和被隋代龙窑打破的南朝龙窑窑头部分。隋代龙窑残长8米、宽2米、坡度20°。窑头部分由三股火道和用砖砌筑的储柴坑组成。窑床内布满了不同形式的匣钵和圆饼形器托25排[2]。

桂林窑1988年清理的3座窑炉中，有2座时代与岳州窑相当，属于南朝末至唐代。1号窑位于漓江故道的西畔，东高西低，横剖面呈"凹"字形，分前后两段。前段长2.3米，倾斜11°，窑头已毁。后段陡起，长19.3米，倾斜17°。窑尾仅残存红烧土硬面，烟囱痕迹不明显，窑炉总长度46米。3号窑因被上部北宋时期窑炉叠压，多已破坏，形制不清。从出土器物形制等看，1号窑属于南朝末至初唐时期，3号窑属于中晚唐时期。发掘者认为1号窑为马蹄形窑，但从1号窑的平面形制看，窑炉全长46米，具有龙窑的特征，而后段的椭圆形窑室则更接近马蹄形窑。中国南方的龙窑技术早在商代就已产生，此后经历了较长时期的探索和摸索阶段，无论是窑炉的坡度还是结构都有一个不断调整的过程[3]。直至隋唐时期，龙窑技术才趋于成熟。桂林1号窑正处于南方龙窑的探索期，其所在区域分布着大量马蹄形窑。从形制特征可以看出，1号窑吸收了北方窑业技术的因素，将北方传来的马蹄形窑技术和南方的龙窑技术加以融合，产生了这种特殊的窑炉形制。时代为北宋时期的2号窑，其形制为早期阶梯窑，属龙窑的一种。1号窑和2号窑在形态上存在着较多相似之处，暗示了其窑炉技术体系

① 李梅田：《长江中游地区六朝隋唐青瓷分期研究》，《华夏考古》2000年第4期。

② 刘永池：《浅谈湘阴窑》，中国古陶瓷学会编《中国古陶瓷研究（第九辑）》，紫禁城出版社，2003年。

③ 龙窑的坡度从商代至唐代就有很大的改变，商代江西吴城6号龙窑坡度仅1°54′，此后的广东博罗梅花墩春秋龙窑坡度12°，浙江绍兴富盛战国龙窑坡度31°，唐代以后的龙窑坡度得到控制，渐趋合理，在18—22°之间。

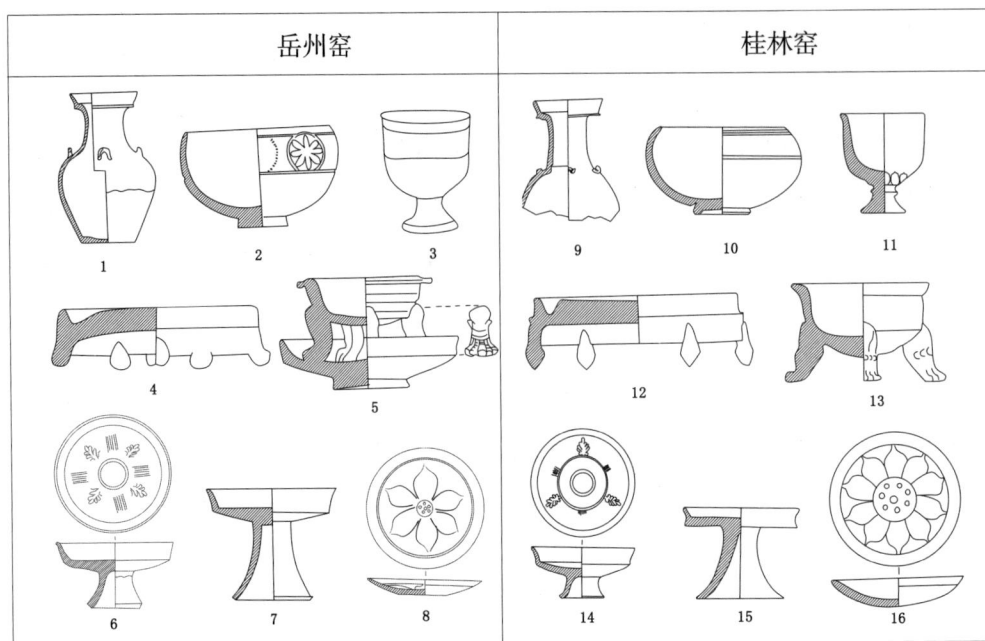

図三 岳州窑和桂林窑器物形制対比图

1. 盘口壶（岳州窑出土）   2. 饼足杯（岳州窑出土）   3. 高足杯（长沙野坡 M4 出土）
4. 砚台（长沙 52 广场 M21 出土）   5. 三足炉（长沙黄土岭 M35 出土）   6、7. 高足盘（岳州窑出土）
8. 平底碟（岳州窑出土）   9. 盘口壶（桂林 1 号窑出土）   10. 饼足杯（桂林 1 号窑出土）
11. 高足杯（桂林 1 号窑出土）   12. 砚台（桂林 1 号窑出土）   13. 三足炉（桂林 1 号窑出土）
14、15. 高足盘（桂林 1 号窑出土）   16. 平底碟（桂林窑址采集）

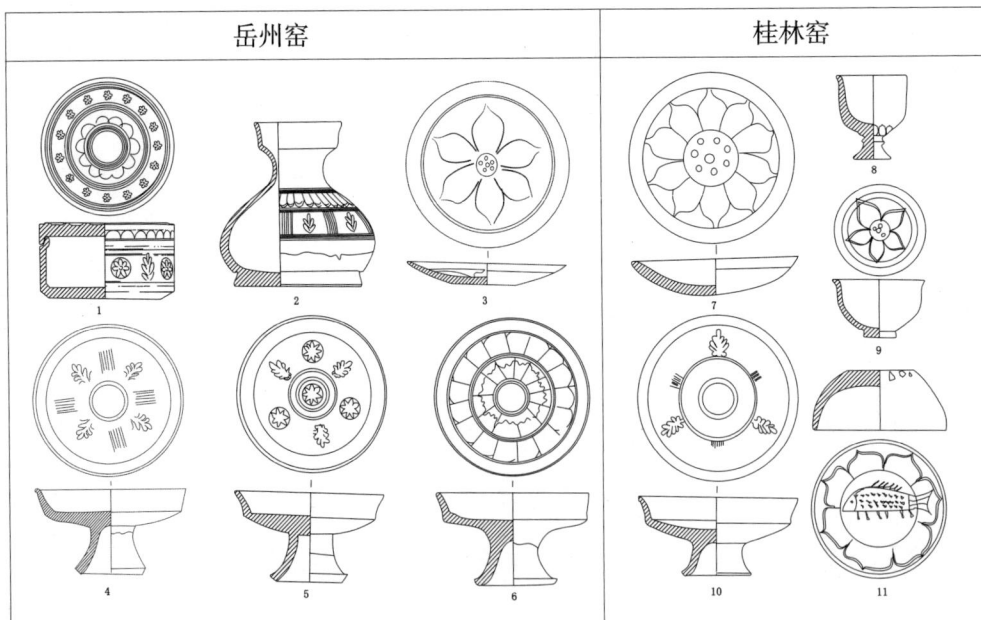

图四 岳州窑和桂林窑器物纹饰对比图

1. 团花纹（长沙南新 M5 出土）   2. 团花纹长沙黄土岭 M35 出土   3. 莲花纹（岳州窑出土）
4—6. 团花纹（岳州窑出土）   7. 莲花纹（桂林窑址采集）   8、9. 莲花纹（桂林 1 号窑出土）
10. 团花纹（桂林 1 号窑出土）   11. 莲花纹（桂林 1 号窑出土）

图五　桂林窑与岳州窑窑具对比图

1. 齿状支垫（桂林1号窑出土）
2. 伞状支烧具（桂林1号窑出土）
3. 筒状匣钵（桂林1号窑出土）
4. 伞状支烧具（桂林1号窑出土）
5. 三叉支垫（桂林1号窑出土）
6. 垫柱（桂林1号窑出土）
7、8. 齿状支垫（岳州窑出土）
9. 筒状匣钵（岳州窑出土）
10. 垫圈（岳州窑出土）
11. 伞状支烧具（岳州窑出土）

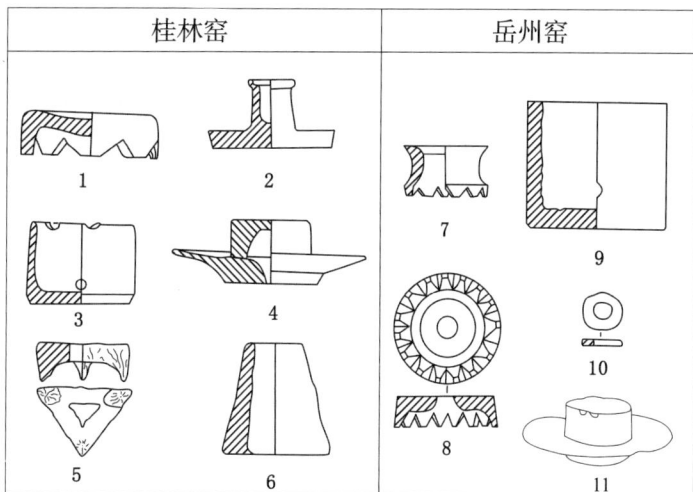

的传承关系。这进一步说明桂林窑从南朝末年至隋唐时期[①]在窑炉技术方面大胆的探索并于北宋时期出现了龙窑的分化阶段，即半倒焰分室阶梯龙窑。这种龙窑形制综合了马蹄形窑的半倒焰技术和龙窑的分段烧成技术。

可见，岳州窑属于典型的南方龙窑，而桂林窑则融合了龙窑和北方马蹄形窑。

最后，在窑具方面，桂林窑1号窑所使用的窑具较为简单，有支钉、垫饼、垫环、垫圈、匣钵和垫托，大量使用三叉支垫作为坯件叠装的间隔具，以承放碗、碟等坯件。一个坯件垫一支垫，逐件叠置烧制。这种三叉支垫是北方白瓷、三彩瓷器生产区，如北魏至隋唐时期的巩义白河窑[②]、隋代邢窑、隋代安阳窑、唐代定窑、淄博窑、寿州窑[③]等流行的主要垫隔窑具。桂林窑还有一种两端呈三叉形，中间为束腰的柱状三叉支具，这很可能是受了北方高足三叉支托的影响而出现的一种窑具。高足三叉支托是一种兼有支与垫功能的复合型支垫，起源于隋唐时期的河南安阳与山东淄博一带[④]。

---

① 据广西桂林窑考古发掘报告中描述，被2号窑叠压的3号窑时代属于中晚唐，已破坏严重，但能看出其局部呈椭圆形的窑室。笔者怀疑3号窑的结构很可能与1号窑相似，属于马蹄形窑与龙窑融合的窑炉形制，即分室阶梯窑。这一特殊的龙窑形式与鸡笼窑以及横室阶级窑都属于连房式窑。三者的共同特征便是综合了马蹄形窑的半倒焰技术和龙窑的分段烧成技术。

② 河南省文物考古研究所、中国文化遗产研究院、日本奈良文化财研究所：《巩义白河窑考古新发现》，大象出版社，2009年。

③ 以往多认为福州唐代怀安窑是南方最早使用三叉支垫并影响到这一区域南宋、元代部分窑场的窑场，现在看来，至少在隋代三叉支垫就已传入广西桂林窑。

④ 山东淄博陶瓷史编写组、山东省博物馆：《山东淄博寨里北朝青瓷窑址调查纪要》，文物编辑委员会编《中国古代窑址调查发掘报告集》；杨宝顺：《河南安阳隋代瓷窑址的试掘》，《文物》1977年第2期；熊海堂：《东亚窑业技术发展与交流史研究》，第155、173页。

桂林 1 号窑出土的齿状支垫、筒形匣钵都属发源于南方的窑具，岳州窑和洪州窑早在东晋南朝时期就已开始使用筒形匣钵装烧，且都使用齿状支垫垫隔（图五）[1]。从对窑具的分析可以看出南北方窑业技术对桂林窑的共同影响，比如来自北方的三叉支垫和三叉支架，而垫饼、筒形匣钵以及齿状支垫则是受了南方龙窑体系的影响。

　　可以看出，桂林窑从窑业技术上属于南方龙窑体系，在窑炉、窑具技术和器物形制、纹样等方面与岳州窑存在高度的一致性。这表明岳州窑和桂林窑很可能存在窑业技术人员的当面交流。换言之，隋代很可能曾有岳州窑的窑业工匠沿湘桂通道南下在桂林开辟窑场。但我们也看到，桂林窑在表现出南方龙窑体系特征的同时，也使用北方三叉支垫等窑具，呈现出马蹄形窑和龙窑的双重特征，表明桂林窑也吸收了北方马蹄形窑的窑业技术。总体而言，桂林窑表现出多种窑业技术因素，其中与岳州窑关系最为密切，伞状支烧具这一独特的装烧窑具便是最有力的证明。

　　从岳州窑到桂林窑，伞状支烧具的发展脉络比较清晰。与宋元时期福建德化窑的伞状支烧具形态的对比，也让我们确信福建德化窑的这一窑具出自岳州窑—桂林窑这支，更确切地说是来自桂林窑。这主要有两方面的依据：其一，福建德化窑的伞状支烧具与桂林窑相似；其二，桂林窑南朝至北宋时期出现了早期分室阶梯窑，福建德化窑的伞状支烧具是与鸡笼窑配合的一种装烧窑具，鸡笼窑和分室阶梯窑属于分室龙窑的不同类型，两个类型之间存在着非常密切的联系。

　　根据学者的研究，隋代邢窑开始烧制精细白瓷和薄胎瓷。窑具有三叉支垫、多齿状支垫等，新出现了喇叭形窑柱、蘑菇状窑柱（即伞状支烧具）和筒形匣钵。其中，筒形匣钵的大量出现是这一时期的典型特征[2]。精细白瓷胎质极细，釉色甜白，当于筒状匣钵的大量使用有密切关系，而伞状支烧具则为烧制粗瓷碗、杯类的专用窑具。这种以筒形匣钵装烧精细瓷、搭配伞状支烧具或其他窑柱裸烧粗瓷的做法与岳州窑极其相似。在这几种窑具中，三叉支垫是北方生产白瓷和三彩瓷窑口所特有的窑具，属本地因素。而齿形支具、喇叭形支托、筒形匣钵都源自南方[3]，其中岳州窑最有可能是这类窑具的起源地。换言之，北朝至隋，邢窑曾受到岳州窑的影响，伞状支烧具极有可能是随着齿状支垫、垫圈、筒形匣钵的北传而被带到邢窑的，并随着筒形匣钵以及邢窑在此基础上开发出的漏斗形匣钵等匣具的广泛使用而逐渐减少，至唐代则完全消失。

　　四川地区窑场的这一伞状支烧具也应源于岳州窑。这主要是基于以下几方面的考虑：其一，四川地区的窑场在南朝至隋代属于南方龙窑技术体系覆盖范围，所发现的窑炉均为龙窑，

---

[1]　周世荣：《金石瓷币考古论丛》，岳麓书社，1998 年；权奎山：《论洪州窑的装烧工艺》，北京大学考古学系编《考古学研究（四）》，科学出版社，2000 年。

[2]　王会民、张志中：《邢窑调查试掘主要收获》，《文物春秋》1997 年增刊。

[3]　熊海堂：《东亚窑业技术发展与交流史研究》，第 166、172、183 页。

只是到了唐至五代时期，邛崃窑 ① 及成都青羊宫窑 ② 才开始出现马蹄形窑；其二，从以往考古调查和发掘成果来看，邛崃窑在南朝至隋与长江中下游窑场关系密切 ③，唐代则表现出更多中原文化因素；其三，四川地区一直是陶瓷技术的吸收区域。

四、结语

综上，伞状支烧具是隋代开始出现的一种窑具，可起到层层叠加、扩大产品装烧量的效果，其伞状托盘也可部分遮挡釉灰。伞状支烧具首先产生于岳州窑，多用于烧制粗瓷碗、杯等日用瓷器，因而可以与烧制高档瓷器的筒形匣钵或漏斗形匣钵共存。它自出现以来，经历了隋代、唐至北宋、北宋末年至明、清代这四个大的阶段。第一阶段，即隋代，是伞状支烧具的产生期。这一时期使用它的窑口，北有邢窑，南有岳州窑及桂州窑，西南有邛崃固驿瓦窑山窑。第二阶段，即唐至北宋时期，使用伞状支烧具的区域集中在邢窑和邛窑，之后随着漏斗形匣钵等先进匣具的大范围使用而逐渐消失。第三阶段，即北宋末年至明，是伞状支烧具的定型期。这一时期，伞状支烧具从广西桂林窑 ④ 东传至福建德化窑，德化窑继而成为伞状支烧技术传播的中转站，元代以分室龙窑＋伞状支烧具的模式传播至浙江江山碗窑。此后，伞状支烧具的使用环境从分室龙窑逐渐定型为鸡笼窑。第四阶段，即清代，伞状支烧具的使用范围逐渐扩大到德化周围的大浦等区域。17 世纪时，鸡笼窑＋伞状支烧具的模式东传至日本本州岛的山口县，18 世纪到 19 世纪逐渐扩散到九州岛等地。

原载《湖南考古辑刊（第 11 集）》（2015 年）

---

① 陈显双、尚崇伟：《邛窑古陶瓷简论——考古发掘简报》，耿宝昌主编《邛窑古陶瓷研究》。邛崃十方堂五号窑包的四、五号窑的时代为五代至北宋早期，是目前邛崃窑系中所发现的时代最早的马蹄形窑。

② 成都青羊宫窑 Y3 的时代为唐，是目前四川盆地发现最早的用于烧制瓷器的马蹄形窑，详见四川省文管会、成都市文管处：《成都青羊宫窑址发掘简报》，《四川古陶瓷研究》编辑组编《四川古陶瓷研究（二）》，四川省社会科学院出版社，1984 年。

③ 成都文物考古研究所、北京大学考古文博学院、邛崃市文物保护管理所：《四川省邛崃市大渔村窑区调查报告》，成都文物考古研究所编著《成都考古发现（2005）》，科学出版社，2007 年。秦大树等学者在调查四川邛崃大渔村窑曾指出，邛窑在隋唐时期的一个重要的特征变化是，隋代其与长江中下游地区的联系比较密切，而到了唐代，其所受到的中原地区文化因素的影响则十分明显。

④ 桂林 1 号窑终烧于初唐，2 号窑的年代为北宋时期，两座龙窑结构上存在着继承关系，但 2 号窑并未发现有伞状支烧具，这是很令人费解的。1 号窑与北宋时期福建德化窑之间的时间缺环如何衔接，这一段时间伞状支烧具的发展状况如何，只有待今后考古发现来解决了。